Die 100 besten Lebensmittel

Die 100 besten Lebensmittel

Parragon
Bath · New York · Singapore · Hong Kong · Cologne · Delhi · Melbourne

Entwurf und Realisation: Ivy Contract
Fachberatung: Judith Wills
Neue Fotografien: Clive Streeter

Realisation der deutschen Ausgabe: trans texas publishing, Köln
Übersetzung: Lisa Voges, Köln
Lektorat: Şebnem Yavuz, Erpel

ISBN 978-1-4075-92596

Printed in Indonesia

Hinweis

Sofern die Schale von Zitrusfrüchten benötigt wird, verwenden Sie unbedingt unbehandelte Früchte. Sind Zutaten in Löffeln angegeben, ist immer ein gestrichener Löffel gemeint: Ein Teelöffel entspricht 5 ml, ein Esslöffel 15 ml. Sofern nicht anders angegeben, wird Vollmilch (3,5 % Fett) verwendet. Es sollte stets frisch gemahlener schwarzer Pfeffer verarbeitet werden. Bei Eiern und einzelnen Gemüsesorten, z. B. Kartoffeln, verwenden Sie mittelgroße Exemplare. Kinder, ältere Menschen, Schwangere, Kranke und Rekonvaleszenten sollten auf Gerichte mit rohen oder nur leicht gegarten Eiern verzichten. Die angegebenen Zeiten können von den tatsächlichen leicht abweichen, da je nach verwendeter Zubereitungsmethode und vorhandenem Herdtyp Schwankungen auftreten.

1
2
3
4
5
6

INHALT

EINLEITUNG

Wir alle wollen gesund essen. Dieses Buch ist für alle, die wissen wollen, welche Lebensmittel wirklich die besten sind und warum.

Die meisten von uns wissen, wie wichtig eine ausgewogene, gesunde Ernährung für uns selbst und unsere Kinder ist. Gesundes Essen fördert die körperliche und geistige Entwicklung unserer Kinder. Es stärkt unser Immunsystem und bietet Schutz vor Krebs, Diabetes oder Herz-Kreislauf-Erkrankungen. Vor allem aber verbessert eine gesunde Ernährung unsere Körperfunktionen, wirkt sich stimulierend auf die Gehirnleistung aus, steigert den Energiestoffwechsel, hilft uns zu entspannen und sorgt für guten Schlaf.

Was ist gesundes Essen?
Bei der Flut an zum Teil widersprüchlichen Informationen ist es gar nicht so einfach herauszufinden, welche Lebensmittel wirklich zu einer gesunden Ernährung gehören. Dieser Band nimmt 100 Lebensmittel, die erwiesenermaßen gesundheitsförderlich sind und/oder Schutz vor Krankheiten bieten, unter die Lupe. Ihr positiver gesundheitlicher Effekt ist allgemein bekannt und durch langjährige internationale Studien und Untersuchungen bestätigt.

Nach unserer Definition ist ein Nahrungsmittel dann gesund, wenn es überdurchschnittlich viele der wichtigsten und manchmal auch der selteneren Vitamine und Mineralien aufweist oder über entsprechend hohe Mengen an sekundären Pflanzenstoffen und anderen Substanzen verfügt, die einen beträchtlichen, durch Studien belegten gesundheitlichen Einfluss auf unseren Organismus haben. Dazu

gehören häufig Nahrungsmittel, die einen besonders hohen ORAC-Wert (Oxygen Radical Absorbance Capacity) aufweisen – also sehr gute antioxidative Eigenschaften zur Neutralisierung freier Radikaler und zur Vorbeugung gegen Krankheiten. Gesunde Nahrungsmittel sollten überdies wenig oder gar kein Salz, Zucker, gesättigte und Trans-Fettsäuren enthalten, die häufig mit einem erhöhten Risiko für bestimmte Krankheiten in Verbindung stehen.

Abwechslungsreiche Kost

Eine Liste mit 100 Lebensmitteln ist bei Weitem nicht vollständig, und es gibt erheblich mehr Nahrungsmittel, die ebenso gesund und nährstoffreich sind. Falls Ihre bevorzugte Frucht, Ihr Lieblingsgemüse oder -getreide hier nicht aufgelistet ist, bedeutet dies nicht, dass es keinen wertvollen Beitrag zu Ihrer Ernährung leistet.

Eine gesunde Ernährung sollte täglich aus 5–7 Portionen Gemüse und Obst (ein gutes Verhältnis sind 3–4 Gemüse- und 2–3 Obstportionen), 2–3 Portionen Vollkornerzeugnisse, wie Vollkornbrot, Naturreis und Haferflocken, sowie 2–3 Eiweißportionen aus fettarmen Quellen, wie Hühnchen, fettarme Milchprodukte oder Hülsenfrüchte, bestehen. Sie sollte auch regelmäßig fettreichen Fisch, Nüsse, Pflanzenfette, Kräuter und Gewürze einbeziehen.

Vergessen Sie aber nicht: Kein einziges Lebensmittel allein kann Sie gesund halten. Achten Sie deshalb besonders auf eine abwechslungsreiche und ausgewogene Ernährung, bauen Sie so viele Produkte aus diesem Band wie möglich in Ihren Speiseplan ein. Die begleitenden Rezepte sind eine Möglichkeit, mehrere hier vorgestellte Nahrungsmittel zu kombinieren, und bieten eine Vielzahl an köstlichen Gerichten – vom Frühstück bis zum Dessert.

Die Informationen in diesem Buch helfen Ihnen, Ihren eigenen, auf Ihre Bedürfnisse abgestimmten Speiseplan zusammenzustellen und dadurch mehr über gesunde, natürliche Nahrungsmittel zu erfahren.

1

Obst

Mit seinem hohen Anteil an Vitamin C, Antioxidantien und Ballaststoffen ist Obst überaus gesund und ein ausgezeichneter Energiespender. Es lässt sich in sehr vielen süßen wie herzhaften Gerichten verarbeiten oder einfach roh als kleine Zwischenmahlzeit genießen.

(V) Für Vegetarier geeignet

(D) Geeignete Diätkost

(S) Für Schwangere geeignet

(K) Für Kinder über 5 Jahre geeignet

(E) Einfach und schnell

01 ÄPFEL

Neuere Studien haben bestätigt, dass das englische Sprichwort „An apple a day keeps the doctor away" gar nicht so verkehrt ist.

Abgesehen von Kalium stecken in Äpfeln nicht viele Vitamine oder Mineralien, dafür aber viele sekundäre Pflanzenstoffe wie das entzündungshemmende und krebsvorbeugende Flavonoid Quercetin. Äpfel liefern reichlich Pektin, das die schlechten LDL-Cholesterinwerte senkt und Darmkrebs vorbeugen kann. Laut Studien haben Erwachsene, die regelmäßig Äpfel essen, weniger Bauchfett und einen niedrigeren Blutdruck. Bei Kindern können Äpfel auch Asthma vorbeugen. Außerdem sind sie quasi fettfrei.

- Reich an Flavonoiden für gesunde Herz- und Lungenfunktion.
- Ideale leichte, sättigende, kalorienarme Zwischenmahlzeit mit niedrigem glykämischem Index (GI).
- Hoher Pektingehalt bei den Ballaststoffen zur Verbesserung der Blutfettwerte und Reduzierung des LDL-Cholesterinspiegels.
- Gute Kaliumquelle für die Körperentwässerung.

Praktische Tipps:
Lagern Sie Äpfel dunkel und kühl, am besten in einem Plastikbeutel mit Luftlöchern im Kühlschrank oder in einem kühlen, dunklen Schrank. Äpfel sollten möglichst mit Schale verzehrt werden, da diese bis zu fünfmal mehr sekundäre Pflanzenstoffe enthält als das Fruchtfleisch. Wenn Sie mit Äpfeln kochen oder backen, geben Sie geschältes und geschnittenes Obst in eine Schüssel Wasser mit 1–2 Esslöffeln Zitronensaft, damit es sich nicht braun verfärbt.

SCHON GEWUSST?

Die Forschung hat einen Zusammenhang zwischen Quercetin und dem Schutz vor Alzheimer gefunden.

DIE WICHTIGSTEN NÄHRSTOFFE IN EINEM APFEL

Kalorien (kcal)	60
Fett	Spuren
Eiweiß	Spuren
Kohlenhydrate	16 g
Ballaststoffe	2,8 g
Vitamin C	5 mg
Kalium	123 mg

Bratäpfel

FÜR 4 PERSONEN (V) (D) (S) (K) (E)

3 EL abgezogene Mandeln
50 g große getrocknete Aprikosen
1 Stück Ingwerpflaume in Sirup, abgetropft
1 EL Honig
1 EL Ingwerpflaumensirup
4 EL Haferflocken
4 große Kochäpfel

Zubereitung

1 Den Backofen auf 180 °C vorheizen. Mit einem scharfen Messer Mandeln, Aprikosen und Ingwer sehr fein hacken und beiseitestellen.

2 Honig und Sirup in einen Topf geben und erhitzen, bis der Honig aufgelöst ist. Die Haferflocken unterrühren und bei kleiner Hitze 2 Minuten garen. Den Topf vom Herd nehmen und Mandeln, Aprikosen und Ingwer untermischen.

3 Das Kerngehäuse aus den Äpfeln ausstechen und die Öffnung oben etwas vergrößern. Die Schale ringsum einritzen, damit sie beim Backen nicht platzt. Die Äpfel in eine flache Auflaufform setzen und mit der Haferflockenmischung füllen. So viel Wasser in die Form füllen, dass die Äpfel zu einem Drittel im Wasser stehen. Im vorgeheizten Ofen 40 Minuten backen. Sofort servieren.

02 AVOCADOS

Die Avocado ist reich an einfach ungesättigten Fettsäuren für ein gesundes Herz und wertvollen Nährstoffen.

Die Avocado hat überwiegend einfach ungesättigte Fettsäuren, die das Risiko für Brustkrebs reduzieren und das schlechte LDL-Cholesterin senken. Avocados besitzen die Vitamine C, E und B6, Folsäure, Magnesium und Kalium, die antioxidativen Pflanzenstoffe Beta-Sitosterol und das krebshemmende Glutathion.

- Hoher Vitamin-E-Gehalt für gute Abwehrkräfte und gesunde Haut, schützen vor Herzerkrankungen.
- Enthalten Lutein, das zum Schutz vor grauem Star und Makuladegeneration beiträgt.
- Hoher Anteil an einfach ungesättigten Fettsäuren unterstützt die Senkung des Cholesterinwertes.
- Liefern Magnesium für ein gesundes Herz.

Praktische Tipps:
Gut sind nur Früchte mit unbeschädigter Schale ohne braune Stellen. Avocados sind reif, wenn das Fruchtfleisch auf Daumendruck etwas nachgibt. Um die Reifung zu beschleunigen, legt man die Avocado mit einer Banane in eine Papiertüte. Zur Zubereitung schneiden Sie die Frucht längs um den Kern ein, dann drehen Sie die beiden Hälften gegeneinander. Stechen Sie den Kern mit einem spitzen Messer ein, und lösen Sie ihn heraus. Nach dem Schälen sollte das Fruchtfleisch mit Zitronensaft, Essig oder einer Vinaigrette beträufelt werden, damit es nicht braun wird.

SCHON GEWUSST?

Verwenden Sie kalt gepresstes Avocadoöl zum Braten, für Salate oder als Dip für knuspriges Bauernbrot.

DIE WICHTIGSTEN NÄHRSTOFFE IN EINER AVOCADO

Kalorien (kcal)	240
Fett	3 g
Eiweiß	22 g
Kohlenhydrate	12,8 g
Ballaststoffe	5 g
Vitamin C	9 mg
Vitamin E	3 mg
Kalium	728 mg

Pikanter Avocadodip

FÜR 4 PERSONEN (V) (S) (K) (E)

2 große Avocados
Saft von 1–2 Limetten
2 große Knoblauchzehen, zerdrückt
1 TL mildes Chilipulver
Salz und Pfeffer

Zubereitung

1 Die Avocados halbieren, entkernen und schälen.

2 Das Fruchtfleisch zusammen mit dem Saft von 1–2 Limetten, je nach Geschmack, in einen Mixer geben. Knoblauch und Chilipulver zufügen und glatt pürieren.

3 Den Dip in eine Servierschale füllen, mit Salz und Pfeffer abschmecken und servieren.

03

WEINTRAUBEN

Weintrauben enthalten viele Polyphenole, die das Herz schützen und den Blutkreislauf stimulieren, wirken cholesterinsenkend und antimykotisch (pilztötend).

Alle Weintraubensorten sind reich an Polyphenolen, die hauptsächlich in der Schale stecken. Blaue, violette und rote Sorten haben einen wesentlich höheren Anteil an den Flavonoiden Quercetin und Anthocyan, die helfen, Krebs sowie Herz-Kreislauf-Erkrankungen abzuwehren. Der antioxidative Effekt hellerer Traubensorten beruht auf ihrem Catechingehalt. Resveratrol, ein weiteres, in allen Sorten vorhandenes Antioxidans, wird ebenfalls mit der Prävention oder Hemmung von Tumor- und Herzerkrankungen, degenerativen Nervenerkrankungen und Virusinfektionen in Verbindung gebracht.

- Hoher Polyphenolgehalt zur Vorbeugung von Krebs.
- Quercetin kann den Cholesterinwert im Blut verbessern und hat eine gerinnungshemmende Wirkung.
- Wirksam gegen Pilze und Viren.
- Guter Vitamin-C-Lieferant.

Praktische Tipps:
Weintrauben sollte man vor dem Verzehr gründlich waschen, um eventuelle Pestizidrückstände zu entfernen, und im Kühlschrank oder in einem kühlen Raum lagern, damit die Vitamine erhalten bleiben und die Beeren nicht so schnell verderben. Für ein Dessert sollten sie erst kurz vorher halbiert werden, damit die Schnittseiten nicht braun werden.

SCHON GEWUSST?

Mehr als 70 Prozent der Weintraubenproduktion verwendet man für Wein, etwa 27 Prozent als Tafelobst und zwei Prozent werden getrocknet.

DIE WICHTIGSTEN NÄHRSTOFFE PRO 100 G WEINTRAUBEN

Kalorien (kcal)	70
Fett	Spuren
Eiweiß	0,7 g
Kohlenhydrate	18 g
Ballaststoffe	0,9 g
Vitamin C	10,8 mg
Kalium	191 mg

Traubenschaum mit Zitrone

FÜR 2 PERSONEN (V) (D) (S) (K) (E)

200 g helle Weintrauben, kernlos oder entkernt, plus einige Beeren zum Garnieren
200 ml Mineralwasser mit Kohlensäure
2 große Kugeln gefrorener Naturjoghurt
1½ EL Zitronenlimonade-Konzentrat

Zubereitung

1 Weintrauben, Mineralwasser, Joghurt und Limonadenkonzentrat in einen Mixer geben und glatt und schaumig pürieren.

2 Den Schaum in Gläser füllen, garnieren und sofort servieren.

04 FEIGEN

Feigen sind reich an Ballaststoffen und Eisen, was wichtig für die Blutbildung und Energieversorgung des Körpers ist.

SCHON GEWUSST?

Die Blätter des Feigenbaumes sind genießbar. Ein Feigenblätterauszug kann zur Reduzierung der für Diabetiker benötigten Insulindosis führen.

DIE WICHTIGSTEN NÄHRSTOFFE PRO FRISCHER FEIGE

Kalorien	47
Fett	Spuren
Eiweiß	0,5 g
Kohlenhydrate	12,3 g
Ballaststoffe	1,9 g
Vitamin C	1,3 mg
Kalium	148 mg
Calcium	22 mg
Magnesium	11 mg
Betacarotin	54 µg

DIE WICHTIGSTEN NÄHRSTOFFE PRO 100 G GETROCKNETE FEIGEN

Kalorien (kcal)	280
Fett	2 g
Eiweiß	5,8 g
Kohlenhydrate	58 g
Ballaststoffe	9,2 g
Vitamin C	9,8 mg
Kalium	1,1 g
Calcium	244 mg
Magnesium	90 mg
Betacarotin	194 µg

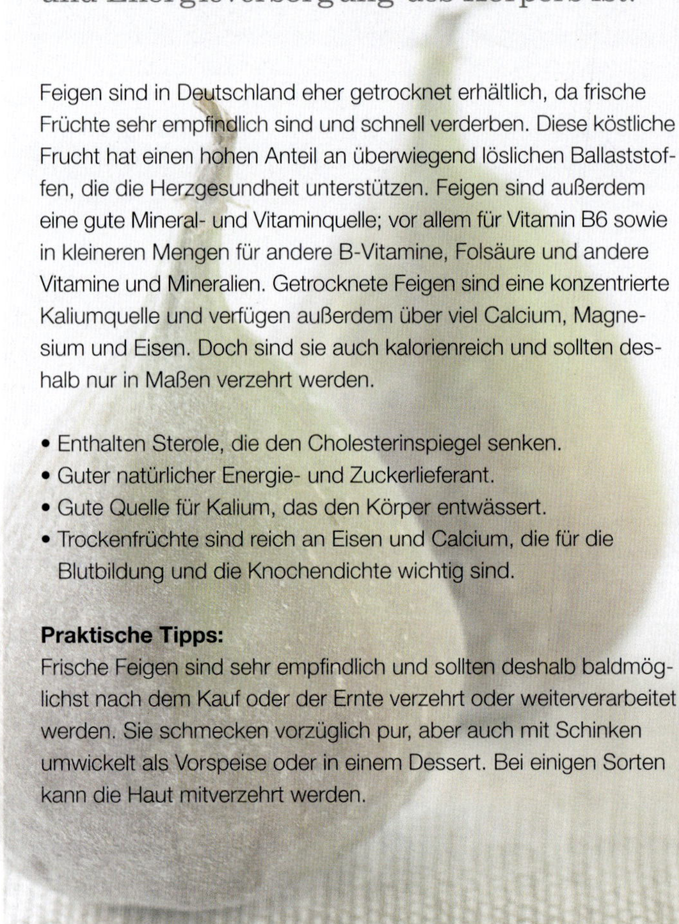

Feigen sind in Deutschland eher getrocknet erhältlich, da frische Früchte sehr empfindlich sind und schnell verderben. Diese köstliche Frucht hat einen hohen Anteil an überwiegend löslichen Ballaststoffen, die die Herzgesundheit unterstützen. Feigen sind außerdem eine gute Mineral- und Vitaminquelle; vor allem für Vitamin B6 sowie in kleineren Mengen für andere B-Vitamine, Folsäure und andere Vitamine und Mineralien. Getrocknete Feigen sind eine konzentrierte Kaliumquelle und verfügen außerdem über viel Calcium, Magnesium und Eisen. Doch sind sie auch kalorienreich und sollten deshalb nur in Maßen verzehrt werden.

- Enthalten Sterole, die den Cholesterinspiegel senken.
- Guter natürlicher Energie- und Zuckerlieferant.
- Gute Quelle für Kalium, das den Körper entwässert.
- Trockenfrüchte sind reich an Eisen und Calcium, die für die Blutbildung und die Knochendichte wichtig sind.

Praktische Tipps:
Frische Feigen sind sehr empfindlich und sollten deshalb baldmöglichst nach dem Kauf oder der Ernte verzehrt oder weiterverarbeitet werden. Sie schmecken vorzüglich pur, aber auch mit Schinken umwickelt als Vorspeise oder in einem Dessert. Bei einigen Sorten kann die Haut mitverzehrt werden.

Gegrillte Feigen mit Honig-Sabayon

FÜR 4 PERSONEN (V) (K) (E)

8 vollreife frische Feigen, halbiert

4 EL Honig

Blätter von 2 frischen Rosmarinzweigen, fein gehackt (nach Belieben)

3 Eier

Zubereitung

1 Den Backofengrill vorheizen. Die Feigen mit der Schnittseite nach oben auf ein Backblech legen. Mit der Hälfte des Honigs bestreichen und nach Belieben mit dem Rosmarin bestreuen.

2 Unter dem vorgeheizten Grill 5–6 Minuten auf oberster Schiene grillen, bis der Honig zu karamellisieren beginnt.

3 Währenddessen für das Sabayon die Eier mit dem restlichen Honig in einer hitzebeständigen Schüssel verquirlen, auf einen Topf mit köchelndem Wasser setzen und mit einem elektrischen Handrührgerät 8–10 Minuten rühren, bis eine dicklich blasse Masse entstanden ist.

4 Je 4 Feigenhälften auf 4 Dessertellern anrichten und mit dem Sabayon überziehen. Sofort servieren.

05

APRIKOSEN

SCHON GEWUSST?

Die Hunza-Aprikose ist eine Sorte, die wild im Hunza-Tal in Kaschmir, Indien, wächst. Die Früchte werden an den Bäumen getrocknet und vor dem Verzehr gekocht.

DIE WICHTIGSTEN NÄHRSTOFFE IN 2 FRISCHEN FRÜCHTEN

Kalorien (kcal)	31
Fett	Spuren
Eiweiß	0,9 g
Kohlenhydrate	7,2 g
Ballaststoffe	1,7 g
Vitamin C	6 mg
Kalium	236 mg
Eisen	0,5 mg
Betacarotin	766 µg

DIE WICHTIGSTEN NÄHRSTOFFE IN 3 TROCKENAPRIKOSEN

Kalorien (kcal)	47
Fett	Spuren
Eiweiß	1,2 g
Kohlenhydrate	10,8 g
Ballaststoffe	1,9 g
Vitamin C	Spuren
Kalium	414 mg
Eisen	1 mg
Betacarotin	163 µg

Aprikosen sind sehr nährstoffreich, haben einen niedrigen glykämischen Index und sind deshalb besonders geeignet für die Naschkatzen, die gerade Diät machen.

Frische Früchte enthalten die Vitamine C und E, Folsäure sowie Kalium. Ihr hoher Gehalt an Betacarotin, ein Antioxidans, hilft bei der Vorbeugung einiger Krebsarten. Aprikosen sind ideal zum Gewichthalten, da sie ballaststoffreich und quasi fettfrei sind. Getrocknete Aprikosen sind eine gute Kalium- und Eisenquelle; allerdings enthalten sie weniger Vitamin C und Carotinoide. Getrocknete Aprikosen haben, da ihnen das Wasser entzogen wurde, vergleichsweise mehr Kalorien als frische Früchte, sind aber als Zwischenmahlzeit ein idealer Energiespender.

- Enthalten diverse Carotinoide: krebsvorbeugendes Betacarotin, Lutein und Zeaxanthin für gesunde Augen und Cryptoxanthin, das wichtig für gesunde Knochen ist.
- Reich an Ballaststoffen für Herzfunktion und Blutkreislauf.
- Ausgezeichnete Kaliumquelle.

Praktische Tipps:

Für einen maximalen Carotingehalt müssen Aprikosen nicht voll ausgereift sein. Durch Garen können Carotinoide und lösliche Ballaststoffe besser vom Körper absorbiert werden. Frische Aprikosen eignen sich ausgezeichnet für Kuchen und Desserts. Greifen Sie bei getrockneten Aprikosen vorzugsweise nach ungeschwefelter Ware, am besten aus Bioanbau, die weniger allergen ist. Getrocknete Früchte schmecken gut in Couscous, Salaten oder können pochiert mit Joghurt serviert werden.

Aprikosendrink

FÜR 2 PERSONEN (V) (D) (S) (K) (E)

6 frische Aprikosen
1 Orange
1 Zitronengrasstängel
2-cm-Stück Ingwerwurzel, geschält

Zubereitung

1 Die Aprikosen halbieren und entsteinen. Orange schälen, etwas weiße Haut am Fruchtfleisch lassen. Zitronengras in Stücke schneiden.

2 Aprikosen, Orange, Zitronengras und Ingwer in den Entsafter geben und entsaften. Den Saft in hohe Gläser füllen und servieren.

06 MANGOS

Ernährungsphysiologisch ist die Mango ein Superstar unter den Früchten – voll von Antioxidantien, Vitamin C und E.

Mangos wachsen in allen tropischen Klimazonen. Ihr orangefarbenes Fruchtfleisch enthält mehr antioxidatives Betacarotin als die meisten anderen Früchte, das vor bestimmten Krebsarten und Herzerkrankungen schützen kann. Mangos sind sehr reich an Vitamin C: Eine Frucht kann mehr als die empfohlene Tagesration (RDA) davon enthalten. Außerdem sind sie ballaststoffreich, und im Gegensatz zu vielen anderen Früchten steckt in ihnen auch viel Vitamin E, dessen antioxidative Wirkung das Immunsystem kräftigt und für schöne Haut sorgt. Ihr relativ niedriger glykämischer Index macht die Mango geeignet als Diätkost, da sie die Regulierung des Blutzuckerspiegels unterstützt.

- Hoher Gehalt an Pektin, einem cholesterinsenkenden Ballaststoff.
- Reich an Kalium (320 mg pro Frucht) zur Regulierung des Blutdrucks.
- Hoher Vitamin-C-Gehalt.

Praktische Tipps:
Eine unreife Mango sollte man in einer Papiertüte an einen dunklen Ort legen – die Frucht reift innerhalb von ein paar Tagen. Für eine maximale Vitamin-C-Zufuhr sollten Mangos roh verzehrt werden. Damit die Carotinoide besser vom Körper aufgenommen werden, verspeisen Sie die Frucht zusammen mit Lebensmitteln, die etwas Fett enthalten, beispielsweise mit Joghurt oder Olivenöl-Vinaigrette.

SCHON GEWUSST?
Mangos besitzen ein spezielles Enzym, das verdauungsfördernd wirkt und auch Fleisch zart machen kann.

DIE WICHTIGSTEN NÄHRSTOFFE IN EINER MANGO

Kalorien (kcal)	114
Fett	0,3 g
Eiweiß	1,4 g
Kohlenhydrate	28 g
Ballaststoffe	5,2 g
Vitamin C	74 mg

Mango-Tomaten-Salsa

FÜR 4–6 PERSONEN (V) (D) (S) (K) (E)

6 Tomaten
1 EL Olivenöl
1 Zwiebel, fein gehackt
1 große Mango, geschält, entsteint und gewürfelt
2 EL frisch gehackter Koriander
Salz und Pfeffer
Tortilla-Chips, zum Servieren

Zubereitung

1 Die Tomaten in einer Schüssel mit kochendem Wasser bedecken, 1 Minute ziehen lassen, danach die Haut mit einem Messer einstechen und abziehen. Das Fruchtfleisch entkernen und klein würfeln.

2 Das Öl in einer Pfanne erhitzen. Die Zwiebel darin bei kleiner Hitze weich dünsten. Zusammen mit Mangowürfeln und Koriander zu den Tomaten geben und alles gut vermengen. Mit Salz und Pfeffer abschmecken. Kalt mit Tortilla-Chips servieren.

07 BIRNEN

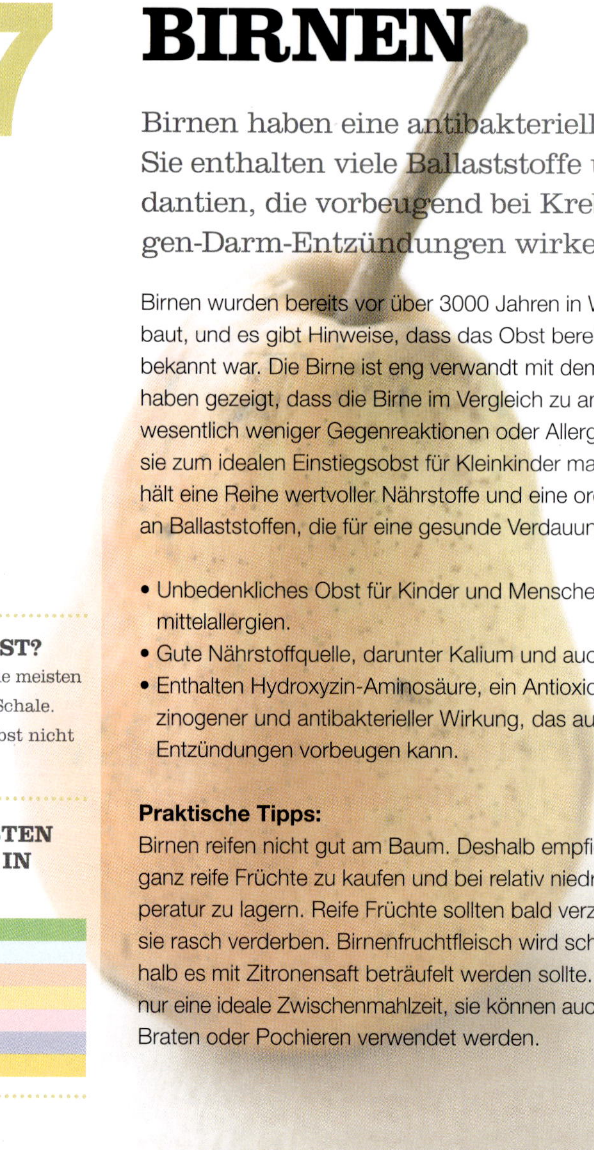

Birnen haben eine antibakterielle Wirkung. Sie enthalten viele Ballaststoffe und Antioxidantien, die vorbeugend bei Krebs und Magen-Darm-Entzündungen wirken können.

Birnen wurden bereits vor über 3000 Jahren in Westasien angebaut, und es gibt Hinweise, dass das Obst bereits in der Steinzeit bekannt war. Die Birne ist eng verwandt mit dem Apfel. Studien haben gezeigt, dass die Birne im Vergleich zu anderen Früchten wesentlich weniger Gegenreaktionen oder Allergien hervorruft, was sie zum idealen Einstiegsobst für Kleinkinder macht. Die Birne enthält eine Reihe wertvoller Nährstoffe und eine ordentliche Menge an Ballaststoffen, die für eine gesunde Verdauung sorgen.

- Unbedenkliches Obst für Kinder und Menschen mit Lebensmittelallergien.
- Gute Nährstoffquelle, darunter Kalium und auch Vitamin C.
- Enthalten Hydroxyzin-Aminosäure, ein Antioxidans mit antikarzinogener und antibakterieller Wirkung, das auch Magen-Darm-Entzündungen vorbeugen kann.

Praktische Tipps:
Birnen reifen nicht gut am Baum. Deshalb empfiehlt es sich, nicht ganz reife Früchte zu kaufen und bei relativ niedriger Zimmertemperatur zu lagern. Reife Früchte sollten bald verzehrt werden, da sie rasch verderben. Birnenfruchtfleisch wird schnell braun, weshalb es mit Zitronensaft beträufelt werden sollte. Birnen sind nicht nur eine ideale Zwischenmahlzeit, sie können auch gut zum Backen, Braten oder Pochieren verwendet werden.

SCHON GEWUSST?
Bei Birnen stecken die meisten Ballaststoffe in der Schale. Deshalb sollte das Obst nicht geschält werden.

DIE WICHTIGSTEN NÄHRSTOFFE IN EINER BIRNE

Kalorien (kcal)	60
Fett	Spuren
Eiweiß	0,5 g
Kohlenhydrate	15 g
Ballaststoffe	3,3 g
Vitamin C	9 mg
Kalium	225 mg

Gewürzbirnen

FÜR 4 PERSONEN (V) (D) (S) (K)

4 vollreife, feste Birnen (à 140 g)
2 EL Zitronensaft
1 EL Honig
1 frische rote Jalapeño-Chili, halbiert und entkernt
2 Sternanise
1 Zimtstange, zerdrückt
1 Zitronengrasstängel, zerdrückt
1-cm-Stück Ingwerwurzel, geschält und in Scheiben geschnitten
2 Gewürznelken
4 frische Lorbeerblätter
300 ml Wasser

Zubereitung

1 Die Birnen möglichst dünn schälen. Den Stiel intakt lassen. Falls nötig, die Unterseite begradigen, damit die Birnen einen besseren Stand haben. Die Birnen in eine große Schüssel setzen. Mit dem Zitronensaft beträufeln und mit Wasser bedecken.

2 Honig, Chili, Sternanis, Zimtstange, Zitronengras, Ingwer, Gewürznelken, Lorbeerblätter und Wasser in einen Topf mit Deckel geben und zum Kochen bringen. Die Hitze reduzieren und unter gelegentlichem Rühren 5 Minuten köcheln lassen, bis der Honig aufgelöst ist.

3 Die Birnen abtropfen lassen und in den Topf setzen. Den Sirup bis knapp unter den Siedepunkt erhitzen, dann die Hitze reduzieren und die Birnen bei geschlossenem Deckel 15–20 Minuten gar ziehen lassen.

4 Den Topf vom Herd nehmen und die Birnen im Sirup auskühlen lassen. Die erkalteten Birnen mit einem Schaumlöffel aus dem Sirup nehmen und in eine Servierform geben.

5 Den Sirup erneut erhitzen und 5–8 Minuten auf die Hälfte einkochen. Dann 5–10 Minuten abkühlen lassen, über die Birnen gießen und servieren.

08 PAPAYAS

Diese tropische Frucht enthält sehr viele Carotinoide, die als krebsvorbeugend gelten und wichtig für gesunde Lungen und Augen sind.

Papayas haben viel Fruchtzucker (Fruktose) und sind somit relativ kalorienreich. Die Frucht enthält reichlich Carotinoide, die die Krebsprophylaxe unterstützen können, sowie Ballaststoffe. Darüber hinaus zählt die Papaya zu den kaliumreichsten Früchten und enthält wesentlich mehr Calcium als die meisten anderen. Daneben ist sie extrem reich an Vitamin C und eine gute Magnesium- und Vitamin-E-Quelle. Das Enzym Papain hilft, Eiweißketten aufzuspalten, und macht Fleisch zart.

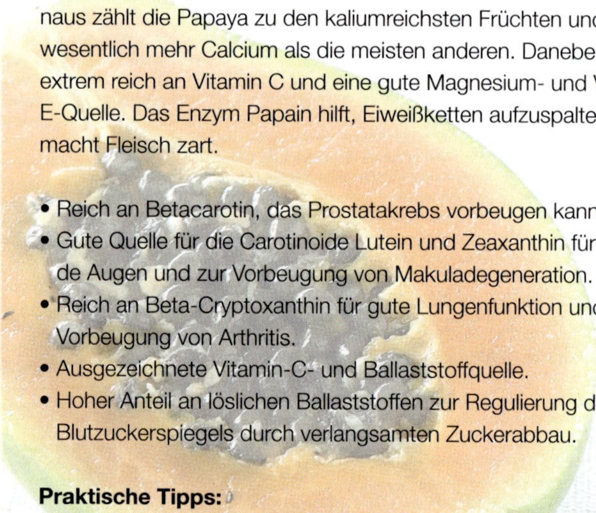

- Reich an Betacarotin, das Prostatakrebs vorbeugen kann.
- Gute Quelle für die Carotinoide Lutein und Zeaxanthin für gesunde Augen und zur Vorbeugung von Makuladegeneration.
- Reich an Beta-Cryptoxanthin für gute Lungenfunktion und zur Vorbeugung von Arthritis.
- Ausgezeichnete Vitamin-C- und Ballaststoffquelle.
- Hoher Anteil an löslichen Ballaststoffen zur Regulierung des Blutzuckerspiegels durch verlangsamten Zuckerabbau.

Praktische Tipps:
Bei einer reifen Papaya ist die Schale eher orange als grün. Schmorfleisch wird durch die Zugabe von Papaya besonders zart. Papaya sollte erst unmittelbar vor dem Servieren in einen Fruchtsalat gegeben werden, da das Papain andere Früchte stark aufweichen kann. Das Enzym unterbindet außerdem die Gelierkraft von Gelatine. Das Aroma der Frucht wird durch Limettensaft unterstrichen.

SCHON GEWUSST?

Papayakerne können im Backofen getrocknet wie Pfefferkörner verwendet werden.

DIE WICHTIGSTEN NÄHRSTOFFE IN EINER PAPAYA

Kalorien (kcal)	120
Fett	0,4 g
Eiweiß	1,5 g
Kohlenhydrate	30 g
Ballaststoffe	5,5 g
Vitamin C	180 mg
Kalium	780 mg
Magnesium	30 mg
Betacarotin	839 µg
Beta-Cryptoxanthin	2,31 mg
Lutein/Zeaxanthin	228 µg

Papaya-Bananen-Smoothie

FÜR 2 PERSONEN (V) (D) (S) (K) (E)

1 Papaya
Saft von 1 Limette
1 große Banane
375 ml frisch gepresster Orangensaft
¼ TL Ingwerpulver

Zubereitung

1 Die Papaya halbieren und die Kerne herauslösen. Das Fruchtfleisch mit einem Löffel aus der Schale schaben und grob hacken. Mit dem Limettensaft beträufeln. Die Banane schälen und in Scheiben schneiden.

2 Alle Zutaten in einen Mixer geben und glatt pürieren. In gut gekühlte Gläser füllen und sofort servieren.

09 ORANGEN

Am bekanntesten sind Orangen für ihren hohen Gehalt an Vitamin C, dessen antioxidative Wirkung die Abwehrkräfte stärkt und vor Alterungszeichen schützt.

Orangen sind preisgünstige Lieferanten für Vitamin C, das gegen Zellschäden und Krankheiten schützen kann. Daneben enthalten sie viel Ballaststoffe, Folsäure, Kalium und das für die Knochen wichtige Calcium. Die Carotinoide Zeaxanthin und Lutein unterstützen die Gesundheit der Augen und können vor Makuladegeneration schützen. Zudem steckt in Orangen Rutin, ein Flavonoid, das helfen kann, das Wachstum von Tumorzellen zu verlangsamen oder ihm vorzubeugen, sowie Nobiletin, ein entzündungshemmender Wirkstoff. All diese Substanzen verstärken die Wirkung von Vitamin C.

- Durch den hohen Vitamin-C-Gehalt schützen Orangen vor Infektionen bzw. lindern und verkürzen Erkältungssymptome.
- Orangen haben einen niedrigen glykämischen Index, sodass sie sich gut für Diabetiker und für Diätkost eignen.
- Enthalten ordentliche Mengen des löslichen Ballaststoffes Pektin zur Regulierung der Cholesterinwerte.
- Entzündungshemmende Wirkung, lindert Arthritisbeschwerden.
- Dank der roten Farbstoffe (Anthocyane) besitzen Blutorangen noch mehr Antioxidantien, die als tumorvorbeugend gelten.

Praktische Tipps:
Orangen, die sich im Verhältnis zu ihrer Größe schwer anfühlen sind saftig und frisch. Lagern Sie sie im Kühlschrank, damit ihr Vitamingehalt bewahrt wird. Auch die Schalen verfügen über viele Nährstoffe. Verwenden Sie unbehandelte Früchte.

SCHON GEWUSST?

Lassen Sie ruhig etwas weiße Innenschale an den Orangenspalten. Sie enthält große Mengen an Ballaststoffen, sekundären Pflanzenstoffen und Antioxidantien.

DIE WICHTIGSTEN NÄHRSTOFFE IN EINER ORANGE

Kalorien (kcal)	65
Fett	Spuren
Eiweiß	1 g
Kohlenhydrate	16 g
Ballaststoffe	3,4 g
Vitamin C	64 mg
Kalium	238 mg
Calcium	61 mg
Lutein/Zeaxanthin	182 µg

Wokgemüse mit Orangen

FÜR 4 PERSONEN (V) (D) (K) (E)

2 EL Erdnussöl
450 g Karotten, geraspelt
225 g Porree, in Ringe geschnitten
2 Orangen, geschält und in Spalten geteilt
2 EL Tomatenketchup
1 EL Rohrohrzucker
2 EL helle Sojasauce
80 g Erdnüsse, gehackt

Zubereitung

1 Einen großen Wok 30 Sekunden stark erhitzen. Das Öl hineingeben, durch Schwenken darin verteilen und 30 Sekunden erhitzen. Karotten und Porree darin 2–3 Minuten unter Rühren anbraten, bis das Gemüse weich wird.

2 Die Orangenspalten zufügen und sanft erhitzen. Beim Rühren darauf achten, dass die Orangenspalten nicht zerdrückt werden.

3 Ketchup, Zucker und Sojasauce in einer Schale verrühren. Zum Gemüse geben und 2 Minuten pfannenrühren.

4 Das Gemüse in 4 vorgewärmte Servierschalen füllen. Mit den Erdnüssen bestreuen und sofort servieren.

10 ANANAS

Ein in Ananas vorhandener Wirkstoff kann Arthritisbeschwerden lindern und vorbeugend gegen Schlaganfälle wirken.

Die Ananas wird als Heilpflanze schon seit Jahrhunderten in vielen Teilen der Welt, besonders in Südamerika, verwendet. Abgesehen von ihrem hohen Gehalt an Vitamin C sowie anderen Vitaminen und Mineralien wie Magnesium enthält die Ananas das Enzym Bromelain (oder Bromelin), welches erwiesenermaßen arthritische Entzündungen und Gelenksbeschwerden lindert und außerdem das Risiko für Blutgerinnsel reduziert, die zu Herz- und Schlaganfällen führen können. Leider steckt im ungenießbaren Strunk das meiste Bromelain, aber auch das Fruchtfleisch enthält ausreichende Mengen.

- Verdauungsfördernd; mildert arthritische und Gelenkschmerzen.
- Kann das Risiko für Blutgerinnsel reduzieren.
- Gute Quelle des antioxidativ wirkenden Vitamin C.
- Enthält Ferulasäure, die krebsvorbeugend wirkt.

Praktische Tipps:
Eine Ananas ist reif, wenn sich die Blätter leicht herausziehen lassen. Zur Zubereitung schneiden Sie die Blattkrone und das untere Ende ab, dann entfernen Sie die harte Schale und alle „Augen". Wenn die Ananas in Scheiben geschnitten ist, muss noch der harte Struck aus der Mitte gelöst werden. Frische Ananas sollte nicht mit Gelatine zusammengebracht werden; das Bromelain unterbindet ihre Gelierkraft. Dosenware enthält kein Bromelain, aber fast genauso viel Vitamin C. Ananas schmeckt frisch am besten, z. B. klein geschnitten in Joghurt oder Müsli.

SCHON GEWUSST?

Das Bromelain in Ananas macht Fleisch zart – geben Sie einfach ein paar Löffel Ananassaft in ein Schmorgericht.

DIE WICHTIGSTEN NÄHRSTOFFE IN 1 SCHEIBE ANANAS

Kalorien (kcal)	40
Fett	Spuren
Eiweiß	0,5 g
Kohlenhydrate	10,6 g
Ballaststoffe	1,2 g
Vitamin C	30 mg
Kalium	97 mg
Magnesium	10 mg

Gegrillte Ananas mit Nussjoghurt

FÜR 4–6 PERSONEN (V) (D) (S) (K) (E)

1 frische Ananas
Rapsöl, zum Bestreichen
150 g fettarmer griechischer Joghurt
130 g Haselnusskerne, abgezogen und grob gehackt

Zubereitung

1 Die Blattkrone entfernen und die Ananas in 2 cm dicke Scheiben schneiden. Erst mit einem scharfen Messer die Schale und die „Augen“ entfernen, dann mit einem Kernausstecher den Strunk aus der Mitte herauslösen. Die Ringe halbieren.

2 Den Backofenrost mit Öl einfetten und den Backofengrill vorheizen. Joghurt und Haselnüsse in einer Schale verrühren.

3 Die Ananasstücke auf den Rost legen und unter dem vorgeheizten Grill auf oberster Schiene 3–5 Minuten goldbraun grillen. Sofort mit dem Nussjoghurt servieren.

11 ZITRONEN

Zitronen besitzen reichlich Vitamin C und können vor Brust- und anderen Krebsarten schützen helfen.

Der Saft von Zitronen unterstreicht sowohl süße als auch herzhafte Nahrungsmittel, während ihre Schale zum Aromatisieren verwendet werden kann. Die Säure und Antioxidantien im Zitronensaft bewirken, dass geschälte oder aufgeschnittene Lebensmittel nicht oxidieren und braun werden. Alle Teile der Zitrone enthalten wertvolle Nährstoffe und Antioxidantien. Die sauren Früchte sind eine sehr gute Vitamin-C-Quelle. Zu den antioxidativen sekundären Pflanzenstoffen gehört Limonin, ein ätherisches Öl, das bei der Vorbeugung von Brust- und anderen Krebsarten und der Senkung des LDL-Cholesterins helfen kann, sowie Rutin, das die Venen stärkt.

- Reich an Vitamin C.
- Haben desinfizierende und insektenabwehrende Eigenschaften.
- Enthalten Rutin, das die Venen stärkt und entschlackend wirkt.
- Wirken appetitanregend.

Praktische Tipps:
Wenn Sie die Schale verwenden wollen, sollten Sie die Zitrone sehr sorgfältig unter heißem Wasser abspülen oder gleich zu unbehandelten Früchten aus Bioanbau greifen. Zitronen lassen sich besser auspressen, wenn sie kurz in der Mikrowelle oder unter warmem Wasser erhitzt werden. Je schwerer eine Zitrone in der Hand wiegt, desto saftiger ist sie. Zitronensaft macht dank seines Pektingehalts Konfitüren und Gelees fester. Er kann anstelle von Essig für ein Salatdressing oder für eine Mayonnaise verwendet werden.

SCHON GEWUSST?

Aus einer Zitrone lassen sich durchschnittlich 3 Esslöffel Saft auspressen. Die Zitronensäure wirkt in Marinaden oder Schmorgerichten als natürlicher Zartmacher.

DIE WICHTIGSTEN NÄHRSTOFFE IN EINER ZITRONE

Kalorien (kcal)	17
Fett	Spuren
Eiweiß	0,6 g
Kohlenhydrate	5,4 g
Ballaststoffe	1,6 g
Vitamin C	31 mg
Kalium	80 mg

Seeteufel-Röllchen mit Zitrusfrüchten

FÜR 8 PERSONEN (D) (S) (K)

2 Zitronen
2 Orangen
2 Seeteufelschwänze (à 500 g), gehäutet und in 4 Filets geschnitten
8 frische Zweige Zitronenthymian
2 EL Olivenöl
Salz
2 EL grüne Pfefferkörner, leicht zerdrückt

Zubereitung

1 Je 8 Scheiben von den Zitronen und Orangen abschneiden. Die Fruchtreste beiseitelegen. Die Seeteufelfilets unter fließend kaltem Wasser abspülen und mit Küchenpapier trocken tupfen. Auf eine Arbeitsfläche legen, die Zitrusscheiben darauf verteilen und mit den Thymianzweigen belegen. Die Fischfilets mit Küchengarn zusammenbinden, damit Zitrusscheiben und Thymian fixiert sind. Die Fischpäckchen in eine große, flache, nicht metallene Form legen.

2 Den Saft aus den Fruchtresten auspressen und in eine Schale füllen. Mit dem Öl verquirlen, mit Salz würzen und den Fisch damit beträufeln. Mit Frischhaltefolie abgedeckt bis zu 1 Stunde im Kühlschrank marinieren. Dabei ein- bis zweimal mit der Marinade übergießen.

3 Den Backofengrill vorheizen. Den Fisch abtropfen lassen, die Marinade dabei auffangen. Den Pfeffer auf die Fischpäckchen streuen und leicht andrücken. Auf mittlerer Schiene 20–25 Minuten grillen, dabei häufig wenden und mit der Marinade übergießen. Die Päckchen auf ein Schneidebrett legen. Das Küchengarn entfernen und die Fischpäckchen in Stücke schneiden.

12 GRAPEFRUITS

Mit ihrem hohen Vitamin-C-Gehalt stärken Grapefruits das Immunsystem und schützen das Herz.

In den letzten Jahren ist die pinkfarbene Grapefruit fast ebenso beliebt geworden wie die gelbfleischige Sorte. Sie ist etwas süßer und enthält mehr wertvolle Inhaltstoffe: Für das rosafarbene Fruchtfleisch ist der Farbstoff Lycopin verantwortlich, ein antioxidatives Carotinoid, das erwiesenermaßen unter anderem Prostatakrebs vorbeugen kann. Wie andere Zitrusfrüchte enthalten Grapefruits Bioflavonoide – Substanzen, die die Wirkung von Vitamin C erhöhen. Grapefruits haben einen niedrigen glykämischen Index und sehr wenig Kalorien, weshalb sie für eine diätetische Ernährung besonders geeignet sind. Da Grapefruitsaft die Wirkweise von Medikamenten (z. B. zur Blutdrucksenkung) beeinträchtigen kann, sollte der Verzehr bei entsprechender Medikation vorher mit dem Arzt abgesprochen werden.

- Reich an Antioxidantien, die präventiv gegen Prostata- und andere Krebsarten wirken können.
- Hoher Vitamin-C-Gehalt zur Stimulierung des Immunsystems.
- Ausgezeichnetes diätetisches Nahrungsmittel.
- Helfen, Anfälle bei Asthmatikern zu reduzieren.

Praktische Tipps:
Grapefruits schmecken am besten, wenn man sie halbiert, mit etwas braunem Zucker bestreut und kurz unter dem Backofengrill gratiniert. Essen Sie möglichst auch etwas weiße Innenschale – sie ist sehr nährstoffreich. Bei Grapefruits gilt wie bei allen Zitrusfrüchten: je schwerer, desto saftiger.

SCHON GEWUSST?

Der leicht bittere Geschmack von Grapefruits wird durch einen Pflanzenstoff namens Naringenin verursacht, der eine cholesterinsenkende Wirkung hat.

DIE WICHTIGSTEN NÄHRSTOFFE IN EINER HALBEN ROSA GRAPEFRUIT

Kalorien (kcal)	30
Fett	Spuren
Eiweiß	0,5 g
Kohlenhydrate	7,5 g
Ballaststoffe	1,1 g
Vitamin C	37 mg
Folsäure	9 µg
Kalium	127 mg
Calcium	15 mg
Betacarotin	770 µg

Grapefruit-Orangen-Salat

FÜR 4 PERSONEN (V) (D) (S) (K) (E)

1 pinkfarbene Grapefruit

1 gelbe Grapefruit

3 Orangen

Zubereitung

1 Grapefruits und Orangen mit einem scharfen Messer so schälen, dass auch die weiße Innenschale entfernt wird.

2 Das Fruchtfleisch von Grapefruits und Orangen zwischen den Trennhäuten herausschneiden. Dabei über einer Schüssel arbeiten, um den Saft aufzufangen. Kerne herauslösen. Die Fruchtfilets in der Schüssel vorsichtig vermengen. Abgedeckt bis zum Servieren im Kühlschrank kalt stellen. In 4 Servierschalen anrichten und servieren.

13 KIRSCHEN

Glänzend rote Kirschen gehören zu den besten Quellen für Antioxidantien, die vielen altersbedingten Erkrankungen vorbeugen helfen.

Zwar haben Kirschen nicht ganz so viele Vitamine und Mineralien wie anderes Steinobst, doch sind sie reich an diversen anderen wertvollen Pflanzenstoffen. Auf der ORAC-Skala zur antioxidativen Wirkung von Früchten und Obst liegen Kirschen an 15. Stelle und enthalten unter anderem die sekundären Pflanzenstoffe Quercetin, ein Flavonoid, das antikarzinogene und herzschützende Eigenschaften hat, sowie Cyanidin, das mit seiner entzündungshemmenden Wirkung Arthritis- und Gichtbeschwerden lindern kann. Ihre löslichen Ballaststoffe tragen zur Senkung des schlechten Cholesterinspiegels bei. Daneben stecken in Kirschen reichlich Kalium und einiges an Vitamin C und Carotinoiden.

- Reich an Antioxidantien, die herzschützend sind und Alterungserscheinungen vorbeugen.
- Reich an Quercetin zum Schutz vor Krebs.
- Enthalten viel Cyanidin zur Linderung von Arthritis und entzündlichen Erkrankungen.
- Lösliche Ballaststoffe zur Regulierung des Cholesterinspiegels.

Praktische Tipps:
Frische Kirschen erkennt man an grünen Stielen und glänzender Haut. Je dunkler die Farbe, desto mehr Antioxidantien sind enthalten. Damit die Vitamine erhalten bleiben, sollten Kirschen im Kühlschrank gelagert werden. Da frische Kirschen am meisten Antioxidantien enthalten, sollten sie möglichst roh verzehrt werden.

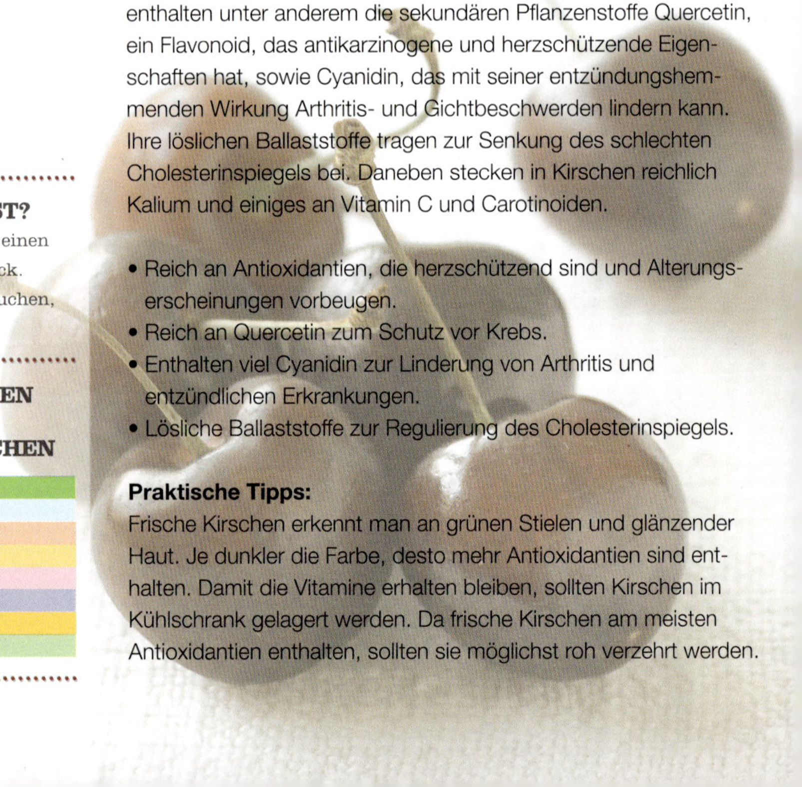

SCHON GEWUSST?

Sauerkirschen haben einen säuerlichen Geschmack. Sie eignen sich für Kuchen, Konfitüren usw.

DIE WICHTIGSTEN NÄHRSTOFFE PRO 80 G KIRSCHEN

Kalorien (kcal)	50
Fett	Spuren
Eiweiß	0,8 g
Kohlenhydrate	13 g
Ballaststoffe	1,7 g
Vitamin C	5,6 mg
Kalium	178 mg
Lutein/Zeaxanthin	68 µg

Kirschdrink

FÜR 1–2 PERSONEN (V) (D) (S) (K) (E)

750 g Schwarzkirschen
½ Limette
1 Apfel
120 g blaue Weintrauben
2½ gehäufte EL Sojajoghurt

Zubereitung

1 Die Kirschen entsteinen. Die Limettenhälfte auspressen. Apfel, Kirschen und Trauben zusammen entsaften. Limettensaft und Joghurt unterrühren. Den Drink in Gläser füllen und sofort servieren.

16 BLAUBEEREN

Keine andere Frucht enthält mehr Antioxidantien als diese kleinen dunklen Beeren. Ihre Inhaltstoffe schützen vor Krebs und diversen anderen Erkrankungen.

Unter den pflanzlichen Nahrungsmitteln stehen Blaubeeren auf der ORAC-Skala an fünfter Stelle, und bereits eine Handvoll Beeren pro Tag können einen wirksamen Schutz vor diversen Krankheiten bieten. Der in den Beeren enthaltene Pflanzenstoff Pterostilben ist ein ebenso wirksamer Cholesterinsenker wie manches pharmazeutische Präparat und kann auch präventiv gegen Diabetes und einige Krebsarten wirken. Blaubeeren sind eine gute Quelle für Anthocyane, die vor Herzerkrankungen schützen und bei Gedächtnisschwierigkeiten helfen können. Daneben enthalten sie recht viel Vitamin C sowie Ballaststoffe und helfen bei Harnwegsinfektionen.

- Enthalten cholesterinsenkende Substanzen.
- Tragen zur Vorbeugung koronarer Herzerkrankungen, Diabetes und Krebs bei.
- Helfen bei Harnwegsinfektionen.
- Helfen bei Verdauungsbeschwerden.
- Enthalten Carotinoide in Form von Lutein und Zeaxanthin für gesunde Augen.

Praktische Tipps:
Blaubeeren sind recht süß und können zur Vitaminschonung gut roh gegessen oder mit wenig Wasser kurz zu einem Kompott eingekocht werden. Blaubeeren erhöhen den Nährwert von Muffins, Kuchen, Aufläufen und Fruchtsalaten. Die Beeren lassen sich ohne großen Nährwertverlust gut einfrieren.

SCHON GEWUSST?

Wenn Blaubeeren in Kontakt mit Metall kommen, können ihre Farbstoffe zerstört werden.

DIE WICHTIGSTEN NÄHRSTOFFE PRO 50 G BLAUBEEREN

Kalorien (kcal)	29
Fett	Spuren
Eiweiß	0,4 g
Kohlenhydrate	7,2 g
Ballaststoffe	1,2 g
Vitamin C	5 mg
Folsäure	34 µg
Vitamin E	2,4 mg
Kalium	39 mg
Lutein/Zeaxanthin	40 µg

Joghurt mit Blaubeeren, Honig und Nüssen

FÜR 4 PERSONEN (V) (D) (S) (K) (E)

3 EL Honig
75 g gemischte ungesalzene Nüsse
8 EL fettarmer griechischer Joghurt
330 g frische Blaubeeren

Zubereitung

1 Den Honig in einem kleinen Topf auf mittlerer Stufe erhitzen. Die Nüsse zugeben und rühren, bis sie mit Honig überzogen sind. Den Topf vom Herd nehmen und die Nüsse etwas abkühlen lassen.

2 Den Joghurt auf 4 Servierschalen aufteilen. Honignüsse und Blaubeeren darauf verteilen.

17 CRANBERRYS

Diese kleinen roten Beeren haben zahlreiche gesundheitliche Effekte. So regen sie beispielsweise die Nierentätigkeit an.

SCHON GEWUSST?

Menschen, die Medikamente mit dem Wirkstoff Warfarin einnehmen, sollten Cranberrys meiden, da die Beeren den Effekt dieses Blutgerinnungshemmers auf ein sehr hohes Maß zu potenzieren scheinen.

DIE WICHTIGSTEN NÄHRSTOFFE PRO 180 ML CRANBERRYSAFT

Kalorien (kcal)	108
Fett	Spuren
Eiweiß	Spuren
Kohlenhydrate	26 g
Ballaststoffe	Spuren
Vitamin C	60 mg
Vitamin E	Spuren
Lutein/Zeaxanthin	150 µg

PRO 100 G FRISCHEN CRANBERRYS

Kalorien (kcal)	46
Fett	Spuren
Eiweiß	0,4 g
Kohlenhydrate	12,2 g
Ballaststoffe	4,6 g
Vitamin C	13 mg
Vitamin E	1,2 mg
Lutein/Zeaxanthin	91 µg

Rohe Cranberrys sind zu sauer für den Verzehr, weshalb sie in ihrer Heimat Nordamerika hauptsächlich zu Saucen eingekocht wurden. Heute, da ihre medizinischen Eigenschaften weitgehend bestätigt sind, findet man sie auch getrocknet, als Saft oder Kompott im Handel. Vor allem bekannt ist ihre vorbeugende oder lindernde Wirkung bei Harnwegsinfektionen, die unter anderem auf ihren Gehalt an Chinasäure, durch die der Säuregehalt des Urins erhöht wird, und auf die antibakteriell wirkenden Tannine zurückzuführen ist. Diese Substanzen können auch vor Magengeschwüren und Herzerkrankungen schützen.

- Reich an löslichen Ballaststoffen, die zur Senkung des schlechten LDL-Cholesterins beitragen.
- Können vor Herzerkrankungen schützen.
- Wirksam bei der Vorbeugung und Linderung von Harnwegsinfektionen.
- Helfen bei Verdauungsbeschwerden und Magengeschwüren.

Praktische Tipps:
Frische Cranberrys sollten eine glatte, leuchtende Haut haben. Als Frischetest können Sie eine Beere fallen lassen; wenn sie hochspringt, ist sie frisch. Cranberrys enthalten viel Pektin, was sie zu guten Beigaben zu Konfitüren aus Beeren mit geringer Gelierkraft wie Erdbeeren macht. Da die Beeren sehr sauer sind, sind die meisten Cranberry-Produkte relativ stark gezuckert.

Cranberry-Energiedrink

FÜR 2 PERSONEN (V) (D) (S) (K) (E)

250 g Cranberrys, aufgetaut, falls Tiefkühlware
450 ml ungesüßter Cranberrysaft, gut gekühlt
300 g Naturjoghurt
2–3 EL Honig, zum Abschmecken

Zubereitung

1 Beeren und Saft im Mixer glatt pürieren. Joghurt und Honig zufügen und unterrühren.

2 Nach Belieben mit weiterem Honig süßen. Den Drink in gekühlte Gläser füllen und sofort servieren.

18 PFLAUMEN

Wissenschaftliche Studien haben nachgewiesen, dass die in Pflaumen vorhandenen Antioxidantien Gehirn und Herz schützen.

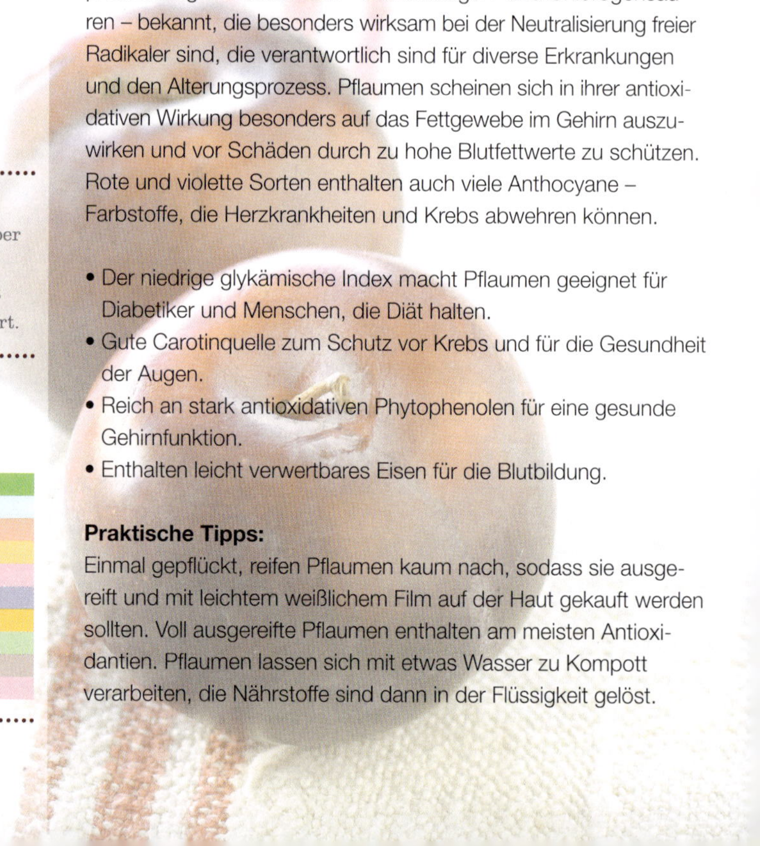

Pflaumen gibt es in vielen Formen und Farben, von dunkelvioletten über rote bis hin zu gelben Exemplaren. Das Steinobst ist für seine phenolhaltigen Substanzen – Neochlorogen- und Chlorogensäuren – bekannt, die besonders wirksam bei der Neutralisierung freier Radikaler sind, die verantwortlich sind für diverse Erkrankungen und den Alterungsprozess. Pflaumen scheinen sich in ihrer antioxidativen Wirkung besonders auf das Fettgewebe im Gehirn auszuwirken und vor Schäden durch zu hohe Blutfettwerte zu schützen. Rote und violette Sorten enthalten auch viele Anthocyane – Farbstoffe, die Herzkrankheiten und Krebs abwehren können.

- Der niedrige glykämische Index macht Pflaumen geeignet für Diabetiker und Menschen, die Diät halten.
- Gute Carotinquelle zum Schutz vor Krebs und für die Gesundheit der Augen.
- Reich an stark antioxidativen Phytophenolen für eine gesunde Gehirnfunktion.
- Enthalten leicht verwertbares Eisen für die Blutbildung.

Praktische Tipps:
Einmal gepflückt, reifen Pflaumen kaum nach, sodass sie ausgereift und mit leichtem weißlichem Film auf der Haut gekauft werden sollten. Voll ausgereifte Pflaumen enthalten am meisten Antioxidantien. Pflaumen lassen sich mit etwas Wasser zu Kompott verarbeiten, die Nährstoffe sind dann in der Flüssigkeit gelöst.

SCHON GEWUSST?

Die Pflaume, von der es über 2000 Sorten gibt, wird im euroasiatischen Raum seit etwa 2000 Jahren kultiviert.

DIE WICHTIGSTEN NÄHRSTOFFE IN EINER PFLAUME

Kalorien (kcal)	30
Fett	Spuren
Eiweiß	0,5 g
Kohlenhydrate	7,5 g
Ballaststoffe	0,9 g
Vitamin C	6,3 mg
Kalium	104 mg
Eisen	0,4 µg
Betacarotin	125 µg
Lutein/Zeaxanthin	48 µg

Pflaumenkompott

FÜR 4 PERSONEN (V) (S) (K) (E)

600 g dunkelhäutige Pflaumen, halbiert und entsteint
halb steif geschlagene Sahne oder saure Sahne, zum Servieren

Sirup
180 g Zucker
450 ml Wasser
3 frische Lorbeerblätter, zerteilt
1 dünn abgelöstes Stück Orangenschale

Zubereitung

1 Die Pflaumen in eine große Servierschüssel geben.

2 Die Zutaten für den Sirup in einen Topf geben und bei mittlerer Hitze rühren, bis sich der Zucker aufgelöst hat. Den Sirup zum Kochen bringen und 7–10 Minuten einkochen. Den kochend heißen Sirup durch ein Sieb über die Pflaumen gießen und bei Zimmertemperatur erkalten lassen. Mit Schlagsahne servieren.

19 MELONEN

Das saftige Melonenfruchtfleisch ist reich an Vitamin C und Kalium, das wichtig für den Wasserhaushalt des Körpers ist.

Melonen bestehen zu über 92 Prozent aus Wasser, das die Nierenfunktion unterstützt. Orangefleischige Melonen enthalten viel Betacarotin und Vitamin C (mit geringen Abweichungen je nach Sorte). In allen Melonen stecken aber reichlich Vitamin B6 und Kalium, und manche Sorten enthalten auch viel Bioflavonoide, die eine antikarzinogene, herzschützende und Anti-Aging-Wirkung haben. Melonen sind außerdem reich an löslichen Ballaststoffen, und vor allem Wassermelonen sind eine gute Quelle für Lycopin, das zur Prävention von Prostatakrebs beitragen kann.

- Hoher Kaliumgehalt hilft bei der Entwässerung und der Regulierung des Natriumhaushalts im Körper.
- Reich an löslichen Ballaststoffen für den Schutz der Arterien und zur Verringerung des Cholesterinspiegels.
- Orangefleischige Sorten sind sehr gute pflanzliche Betacarotin-Lieferanten.
- Wassermelonen enthalten Citrulin, eine Aminosäure, die für eine gute Durchblutung der Muskeln sorgt – wichtig bei sportlicher Betätigung.

Praktische Tipps:

Melonen gewinnen nach der Ernte nicht mehr an Süße und Aroma, sondern werden nur noch weicher und saftiger. Wenn die Melone duftet, ist sie reif. Wenn sie schrumplig ist, ist sie überreif. Melonen sollten an einem kühlen bis mäßig warmen Ort gelagert werden.

SCHON GEWUSST?

Angeschnittene Melonen sollten Sie im Kühlschrank in Frischhaltefolie eingewickelt aufbewahren, damit andere Lebensmittel nicht den Melonengeruch annehmen.

DIE WICHTIGSTEN NÄHRSTOFFE IN EINER CANTALOUPE

Kalorien (kcal)	28
Fett	Spuren
Eiweiß	1 g
Kohlenhydrate	6,3 g
Ballaststoffe	1,5 g
Vitamin C	39 mg
Kalium	315 mg
Betacarotin	2,64 mg

Schinkenmelonen mit grünem Spargel

FÜR 4 PERSONEN (D) (K) (E)

225 g grüner Spargel
1 kleine oder ½ mittlere Cantaloupe-Melone
50 g Parmaschinken, in feine Scheiben geschnitten
150 g gemischte grüne Salatblätter
180 g frische Himbeeren
1 EL frisch gehobelter Parmesan

Vinaigrette

1 EL Balsamico-Essig
2 EL Himbeeressig
2 EL Orangensaft

Zubereitung

1 Den Spargel putzen und lange Stangen halbieren. In einem großen Topf mit kochendem Salzwasser 5 Minuten kochen, bis sie knackig gar sind. Unter fließend kaltem Wasser abschrecken und gut abtropfen lassen.
2 Die Melone halbieren und entkernen. Die Hälften in schmale Spalten schneiden und das Fruchtfleisch von der Schale lösen. Die Schinkenscheiben halbieren und um die Melonenspalten wickeln.
3 Den Salat auf einer großen Servierplatte verteilen. Melonenspalten und Spargel darauf anrichten. Mit Himbeeren und Parmesan bestreuen.
4 Die Zutaten für die Vinaigrette in ein Schraubglas füllen und gut schütteln. Über den Salat träufeln und sofort servieren.

20 BROMBEEREN

Diese kleinen, saftigen Beeren besitzen viele Antioxidantien, die vor Herz-Kreislauf-Erkrankungen schützen.

Brombeeren sind nicht nur ein köstliches Sommerobst. Neuere Studien haben bewiesen, dass sie gesundheitlich auch besonders wertvoll sind. Sie enthalten fast ebenso viele Antioxidantien wie Blaubeeren. Ihre dunkle Farbe weist auf Pflanzenstoffe wie Anthocyane und Ellagsäure hin, die bei der Bekämpfung von Herzerkrankungen, Krebs und Alterungserscheinungen hilfreich sind. Darüber hinaus enthalten Brombeeren viele Ballast- und Mineralstoffe wie Magnesium, Zink, Eisen und Calcium. Ihr hoher Vitamin-E-Gehalt sorgt für ein gesundes Herz und schöne Haut.

- Reich an Ellagsäure – ein Pflanzenstoff, der das Wachstum von Tumorzellen hemmt.
- Große Mengen an antioxidativem Vitamin E und an Ballaststoffen.
- Gute Quelle für Vitamin C zur Stärkung der Abwehrkräfte.
- Enthalten die für die Blutbildung wichtige Folsäure.

Praktische Tipps:
Erntefrische Brombeeren glänzen und sehen prall aus. Ist die Oberfläche matt, haben sie ihre beste Zeit wohl schon hinter sich und einen bereits reduzierten Vitamin-C-Gehalt. Je dunkler die Beere, desto mehr Ellagsäure kann darin vermutet werden. Diese wird beim Kochen nicht zerstört, weshalb Sie Brombeeren getrost für Konfitüre und Kuchen verwenden können. Für eine maximale Vitamin-C-Aufnahme sollten die Beeren allerdings roh verzehrt werden. Brombeeren lassen sich gut in kleinen Behältern einfrieren.

SCHON GEWUSST?

Brombeeren enthalten Salicylate, die Salze des aktiven Wirkstoffes von Aspirin. Menschen, die also Salicylsäure nicht vertragen, könnten auch Probleme mit Brombeeren haben.

DIE WICHTIGSTEN NÄHRSTOFFE PRO 100 G BROMBEEREN

Kalorien (kcal)	25
Fett	Spuren
Eiweiß	0,9 g
Kohlenhydrate	5 g
Ballaststoffe	3,1 g
Vitamin C	15 mg
Folsäure	34 µg
Vitamin E	2,4 mg
Kalium	160 mg
Calcium	41 mg
Eisen	0,7 mg

Beerendessert

FÜR 6–8 PERSONEN (D) (S) (K)

1½ Tütchen gemahlene rote Gelatine
200 ml ungesüßter Cranberrysaft
500 g gemischte Beeren (Brombeeren, Himbeeren, Erdbeeren, Blaubeeren), plus einige Beeren für die Garnierung

Zubereitung

1 Die Gelatine nach Packungsangaben zubereiten, dabei aber einen Teil des Wassers durch den Cranberrysaft ersetzen. Die Beeren in Dessertgläser geben und mit der Gelatinemischung auffüllen. 6 Stunden in den Kühlschrank stellen. Mit Beeren garniert servieren.

2 Für ein Schichtdessert rote und weiße Gelatine verwenden. Ein Viertel der Beeren in eine hohe Glaschüssel geben und mit der Hälfte einer Gelatinemischung bedecken. Im Kühlschrank fest werden lassen. Mit weiteren Beeren bedecken und mit der andersfarbigen Gelatinemischung begießen. Erneut kalt stellen. Auf diese Weise vier weitere Schichten in abwechselnden Gussfarben in die Schüssel füllen. Das fertige Dessert kalt stellen.

2

Gemüse & Salate

Carotinoide, Calcium und Eisen sind nur einige der lebenswichtigen Substanzen, die in Gemüse und Salaten zu finden sind. Servieren Sie eine Portion Ihres Lieblingsgemüses als Beilage, oder versuchen Sie eines der folgenden köstlichen Rezepte in diesem Kapitel.

(V) Für Vegetarier geeignet

(D) Geeignete Diätkost

(S) Für Schwangere geeignet

(K) Für Kinder über 5 Jahre geeignet

(E) Einfach und schnell

21 BROKKOLI

Von allen Vertretern der Kohlfamilie bietet Brokkoli die meisten Wirkstoffe zum Schutz vor Prostatakrebs.

Brokkoli ist in mehreren Sorten erhältlich. Dabei gilt: Je dunkler die Farbe, desto mehr gesundheitsfördernde Substanzen sind darin zu finden. Das Gemüse enthält Sulforaphane (Senföle) und Indole, die eine starke antikarzinogene Wirkung haben, vor allem bei Brust- und Darmkrebs. In Brokkoli stecken außerdem viele Flavonoide, die mit einer Reduzierung von Eierstocktumorzellen in Verbindung gebracht werden. Die Substanzen in Brokkoli schützen vor Magengeschwüren, Magen- und Lungenkrebs und möglicherweise auch vor Hautkrebs. Daneben wirken sie entgiftend und cholesterinsenkend, stärken das Immunsystem und schützen vor grauem Star.

- Reich an Nährstoffen, die vor mehreren Krebsarten schützen.
- Enthält Substanzen, die hilfreich bei der Reduzierung des LDL-Cholesterinspiegels sind und vor Herzerkrankungen schützen.
- Lutein und Zeaxanthin beugen Makuladegeneration vor.
- Bekämpfen *Heliobacter-pylori*-Bakterien.
- Hoher Calciumgehalt zum Knochenaufbau und -schutz.
- Ausgezeichnete Quelle für antioxidatives Vitamin C und Selen.
- 3–5 Brokkoli-Portionen pro Woche bieten Schutz vor Krebs.

Praktische Tipps:
Wählen Sie nur Brokkoli, der eine kräftig grüne Farbe hat, und vermeiden Sie Strünke mit Flecken. Brokkoli sollte im Kühlschrank gelagert und innerhalb von wenigen Tagen verwertet werden. Tiefkühlware enthält alle Wirkstoffe des frischen Brokkoli.

SCHON GEWUSST?

Auch die kleinen Blätter am Strunk sind genießbar. Sie enthalten ebenfalls wertvolle Substanzen und schmecken ausgezeichnet.

DIE WICHTIGSTEN NÄHRSTOFFE PRO 100 G BROKKOLI

Kalorien (kcal)	34
Fett	0,4 g
Eiweiß	2,8 g
Kohlenhydrate	6,6 g
Ballaststoffe	2,6 g
Vitamin C	89 mg
Selen	2,5 µg
Calcium	47 mg
Betacarotin	361 µg
Lutein/Zeaxanthin	1,4 mg

Wokgemüse mit Brokkoli

FÜR 4 PERSONEN (V) (D) (K) (E)

3 EL Rapsöl
1 Stängel Zitronengras, grob gehackt
2 frische rote Chillies, entkernt und gehackt
2,5-cm-Stück Ingwerwurzel, gerieben
3 Kaffir-Limettenblätter, grob zerteilt
3 EL grüne Thai-Currypaste
1 Zwiebel, gehackt
1 rote Paprika, gewürfelt
350 g Brokkoli, in Röschen
120 g grüne Bohnen
60 g geröstete ungesalzene Erdnüsse

Zubereitung

1 2 Esslöffel Öl, Zitronengras, Chillies, Ingwer, Limettenblätter und Currypaste im Mixer zu einer Paste verarbeiten.

2 Einen Wok 30 Sekunden auf hoher Stufe erhitzen. Das restliche Öl hineingeben, durch Schwenken darin verteilen und 30 Sekunden erhitzen. Würzpaste, Zwiebel und Paprika zufügen und 2–3 Minuten unter Rühren anbraten, bis das Gemüse weich wird. Brokkoli und Bohnen zugeben und bei geschlossenem Deckel und kleiner Hitze 6–7 Minuten knackig gar dünsten.

3 Die Erdnüsse untermischen und sofort servieren.

22 KAROTTEN

Das pflanzliche Lebensmittel mit dem höchsten Carotingehalt ist die Karotte. Sie bietet Schutz vor Krebs- und Herz-Kreislauf-Erkrankungen.

Karotten sind ein besonders nährstoffreiches Wurzelgemüse, eine ausgezeichnete Quelle für Antioxidantien und die beste pflanzliche Quelle für Carotinoide, die dem Gemüse seine orange Farbe verleihen und im Körper als Schutz vor kardiovaskulären und Krebserkrankungen wirken, das Risiko für eine Herzerkrankung um bis zu 45 Prozent senken sowie Sehkraft und Lungenfunktion stärken können. Karotten sind außerdem reich an Ballaststoffen, sie enthalten die antioxidativen Vitamine C und E sowie Calcium und Kalium. In Tierversuchen konnte nachgewiesen werden, dass der Pflanzenstoff Falcarinol Tumorzellen um etwa ein Drittel reduziert.

- Hoher Anteil an Carotinoiden schützt vor zu hohem Cholesterinspiegel und Herzerkrankungen.
- Bieten Schutz vor bestimmten Krebsarten und Emphysemen.
- Frauen, die mindestens fünf Karotten pro Woche essen, haben ein um fast zwei Drittel niedrigeres Schlaganfallrisiko.
- Schützen die Augen und sorgen für ein gutes Nachtsehvermögen.
- Vitamin-, mineralstoff- und ballaststoffreich.

Praktische Tipps:
Je dunkler die Karotte, desto mehr Carotin enthält sie. Der grüne Stielansatz sollte vor dem Garen großzügig abgeschnitten werden, da er leicht toxisch ist. Die wertvollen Inhaltstoffe in Karotten sind für den Körper leichter und schneller verwertbar, wenn das Gemüse gegart und mit etwas Fett serviert wird.

SCHON GEWUSST?

Überreicher Konsum von carotinreichen Lebensmitteln kann dazu führen, dass sich die Haut gelblich braun färbt.

DIE WICHTIGSTEN NÄHRSTOFFE PRO 100 G KAROTTEN

Kalorien (kcal)	41
Fett	Spuren
Eiweiß	0,9 g
Kohlenhydrate	9,6 g
Ballaststoffe	2,8 g
Vitamin C	6 mg
Vitamin E	0,7 mg
Calcium	33 mg
Kalium	320 mg
Betacarotin	8,28 mg
Lutein/Zeaxanthin	256 µg

Karottensalat

FÜR 4–6 PERSONEN (V) (D) (K) (E)

450 g Karotten
1 EL Rapsöl
½ EL schwarze Senfkörner
½ EL Kreuzkümmelsamen
1 frische grüne Chili, entkernt und gehackt
½ TL Zucker
½ TL Salz
1 Prise Kurkuma
1½–2 EL Zitronensaft

Zubereitung

1 Die Karotten in eine Schüssel grob raspeln.

2 Einen Wok auf mittlerer bis starker Stufe 30 Sekunden erhitzen. Das Öl hineingeben, durch Schwenken darin verteilen und 30 Sekunden erhitzen. Senfkörner und Kreuzkümmelsamen unter Rühren anbraten, bis die Senfkörner zu platzen beginnen. Den Wok sofort vom Herd nehmen und Chili, Zucker, Salz und Kurkuma einrühren, dann 5 Minuten abkühlen lassen.

3 Die noch warmen Gewürze mit dem Öl über die Karotten geben. Den Zitronensaft zufügen. Die Zutaten vermengen und, falls nötig, nachwürzen. Abgedeckt mindestens 30 Minuten im Kühlschrank ziehen lassen. Den Salat vor dem Servieren nochmals wenden.

23 PAPRIKA

Die leuchtenden Paprikafarben deuten auf einen hohen Anteil an Carotinoiden, die einen guten Schutz vor Herz- und Krebserkrankungen bieten.

Rote und orangefarbene Paprikasorten enthalten am meisten Vitamin B6 und Carotinoide. Alle Sorten jedoch sind überaus reich an Vitamin C; schon mit einer Portion ist die empfohlene Tagesdosis mehr als gedeckt. Grundsätzlich gilt: Je dunkler die Farbe, desto mehr wertvolle Pflanzenstoffe enthält das Gemüse. Hervorzuheben dabei sind Bioflavonoide, die Schutz vor Krebs bieten, Phenole, die krebserzeugende Stoffe im Körper blockieren helfen, und Phytosterole, die ebenfalls eine antikarzinogene Wirkung haben können.

- Hervorragender Vitamin- und Mineralstofflieferant.
- Extrem reich an antioxidativem Vitamin C und gute Quelle für antioxidatives Vitamin E.
- Enthält reichlich sekundäre Pflanzenstoffe mit starker krebsvorbeugender Wirkung.
- Hoher Luteingehalt schützt vor Makuladegeneration.
- Gute Vitamin-B6-Quelle zur Senkung des Homocysteinspiegels; hohe Werte dieser Aminosäure werden mit einem erhöhten Risiko für Herz- und Gefäßerkrankungen, Alzheimer und Osteoporose in Verbindung gebracht.

Praktische Tipps:
Die Carotinoide in Paprika können in Verbindung mit Fett vom Körper besser verwertet werden. Bereiten Sie das Gemüse in dünnen Streifen in einem Wokgericht zu oder mit Öl bestrichen und gegrillt, oder essen Sie es roh in einem Salat mit einem ölhaltigen Dressing.

SCHON GEWUSST?
Die Paprika ist in Südamerika bereits seit etwa 5000 Jahren bekannt. Sie gelangte im 16. Jahrhundert mit den spanischen und portugiesischen Eroberern nach Europa.

DIE WICHTIGSTEN NÄHRSTOFFE IN EINER PAPRIKA

Kalorien (kcal)	39
Fett	Spuren
Eiweiß	1,5 g
Kohlenhydrate	9 g
Ballaststoffe	3 g
Vitamin C	285 mg
Folsäure	0,7 µg
Vitamin B3	1,5 mg
Vitamin B6	0,44 mg
Vitamin E	2,4 mg
Kalium	317 µg
Eisen	0,7 mg
Betacarotin	2,43 mg
Beta-Cryptoxanthin	735 µg
Lutein/Zeaxanthin	77 µg

Paprikadrink

FÜR 2 PERSONEN (V) (D) (S) (K) (E)

250 ml Karottensaft
250 ml Tomatensaft
2 große rote Paprika, grob gehackt
1 TL Zitronensaft
Pfeffer

Zubereitung

1 Karotten- und Tomatensaft im Mixer oder mit dem Stabmixer mischen.

2 Paprikastücke und Zitronensaft zufügen und mit reichlich Pfeffer glatt pürieren. Den Drink in hohe Gläser füllen und sofort servieren.

24 ROSENKOHL

Mit ihren vielen gesundheitsfördernden Substanzen bieten diese kleinen Kohlsprossen einen guten Schutz gegen Krebs.

Rosenkohl ist ein vorzügliches Wintergemüse, das mit seinem hohen Vitamin-C-Gehalt und anderen Inhaltstoffen unser Immunsystem stärkt. Er enthält reichlich antioxidatives Sulforaphan, das sich in Studien als wirksame Substanz zur Bekämpfung von Tumorzellen erwiesen hat. Regelmäßig verzehrter Rosenkohl hat erwiesenermaßen eine schützende Wirkung vor DNS-Schäden und kann auch die Streuung von Brusttumorzellen minimieren. Des Weiteren enthält das Gemüse kleine Mengen an Omega-3-Fettsäuren, Zink und Selen – ein Spurenelement, von dem viele Erwachsene nicht die empfohlene Tagesdosis zu sich nehmen. Menschen, die viel Rosenkohl und andere Kohlsorten essen, haben ein geringeres Risiko, an Prostata-, Darm- oder Lungenkrebs zu erkranken.

- Reich an Indol und anderen sekundären Pflanzenstoffen zum Schutz vor Krebs; Indol kann die Streuung von Tumorzellen begrenzen und zur Senkung des schlechten Cholesterinspiegels im Blut beitragen.
- Sehr reich an immunstärkendem Vitamin C.
- Überaus ballaststoffreich für einen gesunden Darm.

Praktische Tipps:
Wählen Sie leuchtend grüne, feste Röschen ohne gelbe Blätter. Dämpfen oder Blanchieren sind die besten und schonendsten Garmethoden. Garen Sie Rosenkohl nicht zu lange, da sonst viele wertvolle Inhaltstoffe verloren gehen.

SCHON GEWUSST?

Rosenkohl stammt vermutlich aus Belgien. Bis ins frühe 20. Jahrhundert war er außerhalb dieser Region kaum bekannt.

DIE WICHTIGSTEN NÄHRSTOFFE PRO 100 G ROSENKOHL

Kalorien (kcal)	43
Fett	Spuren
Eiweiß	3,4 g
Kohlenhydrate	9 g
Ballaststoffe	3,8 g
Vitamin C	85 mg
Folsäure	61 µg
Magnesium	23 mg
Calcium	42 mg
Selen	1,6 µg
Zink	0,4 mg
Betacarotin	450 µg
Lutein/Zeaxanthin	1,59 mg

Rosenkohl mit Maronen

FÜR 4 PERSONEN (V) (D) (S) (K) (E)

350 g Rosenkohl
2 EL fettarme Margarine
100 g ungesüßte Maronen aus der Dose, gut abgetropft, oder vakuumverpackte gekochte Maronen
1 Prise geriebene Muskatnuss
Salz und Pfeffer
60 g Mandelblättchen, zum Garnieren

Zubereitung

1 Den Rosenkohl in einem großen Topf mit Salzwasser 15 Minuten garen. Gut abtropfen lassen.

2 Die Margarine bei mittlerer Hitze in einem großen Topf zerlassen. Den Rosenkohl zufügen und 3 Minuten unter Rühren andünsten. Maronen und Muskatnuss zugeben. Mit Salz und Pfeffer abschmecken und weitere 2 Minuten garen. In eine vorgewärmte Servierschale füllen. Mit den Mandelblättchen bestreuen und sofort servieren.

26 TOMATEN

Tomaten sind reich an Lycopin, das Schutz vor Prostatakrebs bietet, und enthalten Inhaltstoffe, die zur Vorbeugung von Blutgerinnseln beitragen.

Tomaten gehören zu den Hauptquellen für Lycopin – ein antioxidativ wirkendes Carotinoid, das Herzerkrankungen und Prostatakrebs vorbeugen kann. Aufgrund ihres Salicylatgehalts haben Tomaten außerdem eine gerinnungshemmende Wirkung. Daneben enthalten sie einige andere Antioxidantien wie Vitamin C, Quercetin und Lutein. Tomaten sind äußerst kalorienarm, dafür verfügen sie über reichlich Kalium und größere Mengen an wertvollen Ballaststoffen.

- Hervorragende Quelle für Lycopin, durch das das Prostatakrebsrisiko gesenkt werden kann.
- Eine große Tomate enthält fast ein Viertel der empfohlenen Tagesdosis an Vitamin C für einen Erwachsenen.
- Quercetin und Lutein fördern die Prophylaxe von grauem Star und halten Herz und Augen gesund.
- Enthalten den gerinnungshemmenden Pflanzenstoff Salicylat.

Praktische Tipps:
Je roter und reifer die Tomate ist, desto höher ist ihr Lycopingehalt. Am Stock ausgereifte Tomaten haben außerdem mehr Lycopin als vor der Reife geerntete. Da die Haut mehr Wirkstoffe als das Fruchtfleisch und die Kerne viel Salicylate enthalten, sollten Sie das Gemüse möglichst nicht häuten oder entkernen. Das Lycopin in rohen oder gegarten Tomaten kann vom Körper besser verwertet werden, wenn das Gemüse mit etwas Fett wie in einem Salatdressing gegessen wird.

SCHON GEWUSST?

Lycopin ist in Tomatenprodukten, wie beispielsweise in Ketchup, Tomatenmark und -saft, konzentrierter enthalten als in frischen, rohen Tomaten.

DIE WICHTIGSTEN NÄHRSTOFFE PRO 100 G TOMATEN

Kalorien (kcal)	18
Fett	Spuren
Eiweiß	0,9 g
Kohlenhydrate	3,9 g
Ballaststoffe	1,2 g
Vitamin C	12,7 mg
Kalium	237 mg
Lycopin	2,57 mg
Lutein/Zeaxanthin	123 µg

Tomatensauce

ERGIBT ETWA 600 ML (V) (D) (S) (K)

1 EL Olivenöl

1 kleine Zwiebel, gehackt

2–3 Knoblauchzehen, zerdrückt (nach Belieben)

1 kleine Selleriestange, klein gewürfelt

1 Lorbeerblatt

450 g vollreife Tomaten, gehäutet und gehackt

1 EL Tomatenmark, aufgelöst in 170 ml Wasser

einige Zweige frischer Oregano

Pfeffer

Zubereitung

1 Das Öl in einem schweren Topf erhitzen. Zwiebel, Knoblauch, falls verwendet, Sellerie und Lorbeerblatt darin 5 Minuten unter häufigem Rühren sanft andünsten.

2 Tomaten und aufgelöstes Tomatenmark zufügen. Mit Oregano und Pfeffer würzen und zum Kochen bringen. Die Hitze reduzieren und bei geschlossenem Deckel unter gelegentlichem Rühren 20–25 Minuten einkochen. Nach Belieben für eine dickere Sauce weitere 20 Minuten einkochen.

3 Lorbeerblatt und Oregano entfernen. Den Topfinhalt im Mixer oder mit dem Stabmixer zu einem groben Püree verarbeiten. Für eine glatte Sauce zusätzlich durch ein Haarsieb passieren. Die Sauce abschmecken und bis zum Verzehr warm halten.

27 SPINAT

Entgegen der allgemeinen Annahme enthält Spinat gar nicht so viel Eisen. Nichtsdestoweniger sind darin viele andere wertvolle Substanzen zu finden.

Wissenschaftliche Studien haben gezeigt, dass viele Flavonoide in Spinat antioxidativ wirken und so beispielsweise Schutz vor Magen-, Haut-, Brust- und Prostatakrebs bieten. Spinat enthält außerdem viele Carotinoide, die für gutes Sehvermögen sorgen, und besonders viel Vitamin K, das die Knochen stärkt und Osteoporose vorbeugen kann. Die in Spinat vorhandenen Peptide – Eiweißbestandteile – wirken erwiesenermaßen blutdrucksenkend, und der relativ hohe Vitamin-E-Gehalt schützt vor alterungsbedingtem Rückgang der Gehirnleistung.

- Flavonoide und Carotinoide schützen vor diversen Tumorarten.
- Vitamin C, Folsäure und Carotinoide sorgen für gesunde Gefäße und beugen Arteriosklerose vor.
- Hält die Augen gesund.
- Vitamin K verbessert die Knochendichte.

Praktische Tipps:
Vermeiden Sie es, Spinat mit welken oder gelblichen Blättern zu kaufen. Spinat-Carotinoide werden vom Körper besser aufgenommen, wenn das Gemüse gekocht und mit etwas Öl verzehrt wird. Beim Dämpfen oder Pfannenrühren bleiben die meisten Antioxidantien erhalten. Waschen Sie die Blätter sorgfältig, und dünsten Sie sie, ohne sie abtropfen zu lassen, einige Minuten in einem großen Topf, bis sie zusammenfallen.

SCHON GEWUSST?

Eine wissenschaftliche Versuchsreihe hat gezeigt, dass Tiere bei einer spinatreichen Kost ihre Lernfähigkeit und motorischen Fähigkeiten signifikant verbesserten.

DIE WICHTIGSTEN NÄHRSTOFFE PRO 100 G SPINAT

Kalorien (kcal)	23
Fett	Spuren
Eiweiß	2,9 g
Kohlenhydrate	3,6 g
Ballaststoffe	2,2 g
Vitamin C	28 mg
Folsäure	194 µg
Vitamin E	2 mg
Vitamin K	482 µg
Kalium	558 mg
Magnesium	79 mg
Calcium	99 mg
Eisen	2,7 mg
Betacarotin	5,62 mg
Lutein/Zeaxanthin	12,19 mg

Rotes Curry mit Blattgemüse

FÜR 4 PERSONEN (V) (D) (K) (E)

2 EL Rapsöl
2 Zwiebeln, in feine Streifen geschnitten
1 Bund grüner Spargel, in Stücke geschnitten
430 ml Kokosmilch
2 EL rote Currypaste
3 frische Kaffir-Limettenblätter
225 g Babyspinat
2 Pak Choi, klein geschnitten
1 kleiner Chinakohl, in Streifen geschnitten
1 Handvoll frischer Koriander, gehackt
gekochter Reis, zum Servieren

Zutaten

1 Einen Wok auf mittlerer bis starker Stufe 30 Sekunden erhitzen. Das Öl durch Schwenken darin verteilen und 30 Sekunden erhitzen. Zwiebeln und Spargel darin 1–2 Minuten unter Rühren anbraten.

2 Mit der Kokosmilch ablöschen. Currypaste und Limettenblätter zufügen und sanft zum Kochen bringen. Spinat, Pak Choi und Kohl zugeben und 2–3 Minuten garen, bis die Blätter zusammengefallen sind. Den Koriander untermischen und sofort mit Reis servieren.

28 KNOBLAUCH

Knoblauch hat eine antibiotische Wirkung und kann das Risiko für Herz- und Krebserkrankungen senken.

Selbst in kleinen Mengen hat Knoblauch positive Wirkungen. Verantwortlich dafür sind hauptsächlich die großen Mengen an Schwefelverbindungen, die auch für den kräftigen Geschmack der Knolle verantwortlich sind. Studien konnten belegen, dass Knoblauch das Risiko für Herz- und viele Krebserkrankungen reduzieren kann. Des Weiteren ist er ein wirksames Antibiotikum und beugt Pilzinfektionen vor, wie z. B. Fußpilz. Auch scheint Knoblauch Magengeschwüre lindern zu können. In größeren Mengen verzehrt, liefert er recht viel Vitamin C, Selen, Kalium und Calcium. Knoblauch sollte zerdrückt oder gehackt werden und vor dem Garen einige Minuten ruhen.

- Kann Blutgerinnseln und Gefäßablagerungen vorbeugen und hilfreich bei der Prävention von Herzerkrankungen sein.
- Regelmäßiger Knoblauchverzehr kann das Risiko für Darm-, Magen- und Prostatakrebs beträchtlich senken.
- Wirkt auf natürliche Weise antibiotisch, antiviral und antimykotisch.
- Kann vor Magengeschwüren schützen.

Praktische Tipps:
Wählen Sie große, feste und unbeschädigte Knollen, und bewahren Sie sie in einem lichtundurchlässigen und gut durchlüfteten Behälter an einem trockenen, kühlen Ort auf. Zum Abziehen der Haut drücken Sie mit der flachen Seite eines Messers auf die Zehe, damit die Haut aufreißt. Zu langes Garen zerstört die wertvollen Inhaltsstoffe. Gegen Knoblauchatem hilft Petersilie.

SCHON GEWUSST?

Bei hohen Temperaturen gebratenes oder gegrilltes Fleisch kann karzinogene Substanzen enthalten. Dieser Effekt kann allerdings reduziert werden, wenn das Fleisch zusammen mit Knoblauch gegart wird.

DIE WICHTIGSTEN NÄHRSTOFFE IN ZWEI ZEHEN KNOBLAUCH

Kalorien (kcal)	9
Fett	Spuren
Eiweiß	0,4 g
Kohlenhydrate	2 g
Ballaststoffe	Spuren
Vitamin C	2 mg
Kalium	24 mg
Calcium	11 mg
Selen	1 µg

Pilze mit Knoblauch und Frühlingszwiebeln

FÜR 4 PERSONEN (V) (D) (S) (K)

2 Knoblauchknollen
2 EL Olivenöl
350 g gemischte Pilze, große Exemplare halbiert
1 EL frisch gehackte Petersilie
8 Frühlingszwiebeln, in 2,5 cm lange Stücke geschnitten
Salz und Pfeffer

Zubereitung

1 Den Backofen auf 180 °C vorheizen. Die Spitze von den Knoblauchknollen abschneiden, dann auf die Knollen drücken, um die Zehen zu lockern. Die Knollen in eine Auflaufform setzen und mit Salz und Pfeffer würzen. Mit je 1 Teelöffel Öl übergießen und im vorgeheizten Ofen 30 Minuten braten. Die Knollen aus dem Ofen nehmen und mit je einem ½ Teelöffel Öl beträufeln. Im Ofen weitere 45 Minuten braten. Den Knoblauch herausnehmen und so lange abkühlen lassen, bis die Zehen von Hand geschält werden können.

2 Das Öl aus der Auflaufform in eine schwere Pfanne füllen. Das restliche Öl zugießen und erhitzen. Die Pilze darin bei mittlerer Hitze unter häufigem Rühren 4 Minuten andünsten.

3 Knoblauchzehen, Petersilie und Frühlingszwiebeln zufügen und unter häufigem Rühren 5 Minuten erhitzen. Mit Salz und Pfeffer abschmecken und sofort servieren.

29 ARTISCHOCKEN

Artischocken sind kalorienarm und ideal für alle, die auf ihr Gewicht achten. Das darin enthaltene Cynarin unterstützt die Leberfunktion.

Artischocken sind die ungeöffneten Blüten einer großen mehrjährigen Pflanze. Von dem Gemüse, das besonders gut als Vorspeise schmeckt, sind nur die zarten Blattenden und der nährstoffreiche Boden genießbar. Artischocken gehören zu den Gemüsesorten mit dem höchsten Mineralstoffgehalt, darunter Calcium, Eisen, Magnesium und Kalium. Des Weiteren enthalten sie reichlich Ballaststoffe sowie den Bitterstoff Cynarin, der die Leberfunktion anregt.

- Sehr gute Mineralienquelle, darunter Calcium, Eisen und antioxidatives Magnesium für Knochen und Herz.
- Sehr hoher Anteil an vor allem löslichen Ballaststoffen, die cholesterinsenkend wirken.
- Guter Lieferant für Vitamin C und Folsäure.
- Wenig Kalorien und niedriger glykämischer Index.

Praktische Tipps:
Sehr junge Babyartischocken können als Ganzes verzehrt werden, bei größeren Exemplaren müssen der Stiel und das obere Drittel der Blätter sowie die harten äußeren Blätter entfernt werden. Garen Sie die Artischocken mit etwas Zitronensaft 20 Minuten in kochendem Wasser, bis sich die Blätter leicht herausziehen lassen. Nur die fleischigen Blattenden können ausgesaugt werden. Wenn alle Blätter entfernt sind, bleibt das Artischockenherz mit dem sogenannten Heu übrig, das auch entfernt werden muss. Der zarte Boden kann warm mit einer Vinaigrette, in Salaten oder Pasta serviert werden.

SCHON GEWUSST?

Kochgefäße aus Eisen, Kupfer oder Aluminium bewirken, dass Artischocken oxidieren und sich braun verfärben.

DIE WICHTIGSTEN NÄHRSTOFFE IN EINER ARTISCHOKE

Kalorien (kcal)	60
Fett	Spuren
Eiweiß	4,2 g
Kohlenhydrate	13,4 g
Ballaststoffe	6,5 g
Vitamin C	12 mg
Folsäure	65 µg
Kalium	425 mg
Magnesium	72 mg
Calcium	54 mg
Eisen	1,5 mg
Lutein/Zeaxanthin	557 µg

Artischockenherzen mit Spargel

FÜR 4–6 PERSONEN (V) (D) (S) (K) (E)

450 g grüner Spargel
Salz
400 g Artischockenherzen aus der Dose, abgespült und abgetropft
gemischte Salatblätter, zum Servieren

Vinaigrette

2 EL frisch gepresster Orangensaft
½ TL fein abgeriebene Orangenschale
2 EL Walnussöl
1 TL Dijon-Senf
Salz und Pfeffer

Zubereitung

1 Den Spargel putzen und auf dieselbe Länge schneiden. Locker mit Küchengarn zusammenbinden. Falls Sie einen Spargelkocher haben, die Stangen nicht binden, sondern einfach in den Einsatz stellen.

2 Den Spargel in einem hohen Topf bei mittlerer Hitze 5 Minuten in leicht gesalzenem, kochendem Wasser knackig gar kochen. Die Spitzen sollten aus dem Wasser herausragen. Den Spargel unter fließend kaltem Wasser abschrecken und gut abtropfen lassen.

3 Den Spargel in 2,5 cm lange Stücke schneiden. Die Artischockenherzen in kleine Spalten schneiden und mit dem Spargel in einer Schüssel vermengen.

4 Für die Vinaigrette Orangensaft und -schale, Walnussöl und Senf verrühren und mit Salz und Pfeffer würzen. Über Artischocken und Spargel gießen und die Zutaten vorsichtig vermengen.

5 Vor dem Servieren die Salatblätter auf Servierschalen verteilen und Artischocken und Spargel darauf anrichten.

30 FENCHEL

Fenchelknollen enthalten viele Antioxidantien, die entzündungshemmend und präventiv gegen Krebserkrankungen wirken.

Die knackig-erfrischende weiße Fenchelknolle hat einen leicht süßen, anisartigen Geschmack und enthält eine wertvolle Mischung aus sekundären Pflanzenstoffen mit starker antioxidativer Wirkung. Einer der besonderen Bestandteile ist Anethol. In Tierversuchen hat diese Substanz ihre starke entzündungshemmende und antikarzinogene Wirkung bewiesen. In der Knolle stecken außerdem reichlich Ballaststoffe, Folsäure und Kalium sowie eine Reihe anderer Wirkstoffe wie Vitamin C, Selen, Vitamin B3 (Niacin) und Eisen. Durch den sehr hohen Kaliumgehalt wirkt Fenchel entwässernd.

- Entwässernd, verdauungsfördernd, hilft bei Blähungen.
- Sehr kalorienarm, ideale Diätkost.
- Entzündungshemmend.
- Enthält viele Antioxidantien zur Krankheitsvorbeugung.

Praktische Tipps:
Wählen Sie Knollen, die fest und schwer sind mit einem leichten Glanz und frisch aussehendem Fenchelgrün, und lagern Sie diese im Kühlschrank. Fenchel verliert nach wenigen Tagen sein Aroma. Er schmeckt köstlich roh, in feine Scheiben geschnitten, in Salaten und passt besonders gut zu Fisch. Backen Sie z. B. kleine ganze Fische in Alufolie auf einem Bett aus feinen Fenchelscheiben. Das Gemüse kann auch geviertelt, in Öl angebräunt und dann mit etwas Brühe geschmort werden.

SCHON GEWUSST?

Gemüsefenchel ist eng verwandt mit dem Gewürzfenchel. Das federige Fenchelgrün kann gehackt als Kraut verwendet werden.

DIE WICHTIGSTEN NÄHRSTOFFE IN EINER HALBEN KNOLLE FENCHEL

Kalorien (kcal)	12
Fett	Spuren
Eiweiß	0,9 g
Kohlenhydrate	1,8 g
Ballaststoffe	2,4 g
Vitamin C	5 mg
Folsäure	42 µg
Calcium	24 mg
Kalium	440 mg
Selen	0,7 µg
Betacarotin	1,4 mg

Fenchel-Orangen-Salat

FÜR 4 PERSONEN (V) (D) (S) (K) (E)

2 Orangen, geschält und in Scheiben geschnitten
1 Fenchelknolle, in feine Scheiben geschnitten, plus Fenchelgrün zum Garnieren
1 rote Zwiebel, in feine Ringe geschnitten
Pfeffer

Vinaigrette
Saft von 1 Orange
2 EL Balsamico-Essig

Zubereitung

1 Einen großen Servierteller mit den Orangenscheiben belegen. Den Fenchel darauf verteilen. Mit den Zwiebelringen bestreuen.

2 Orangensaft und Essig verrühren und den Salat damit beträufeln. Mit Pfeffer würzen und mit dem Fenchelgrün garnieren. Sofort servieren.

31 GRÜNKOHL

Kein Gemüse enthält mehr Antioxidantien als der dunkelgrüne Grünkohl. Er ist zudem eine sehr gute Vitamin-C-Quelle.

Grünkohl gehört zu den nährstoffreichsten Vertretern der Kohlfamilie. Auf der ORAC-Skala, die den Gehalt an Antioxidantien angibt, nimmt er einen hohen Platz ein, außerdem enthält er mehr Calcium und auch Eisen als jedes andere Gemüse. Mit einer Portion wird die doppelte Menge der empfohlenen Tagesration an Vitamin C aufgenommen – das Vitamin erleichtert überdies die Eisenaufnahme im Körper – und etwa ein Sechstel des täglichen Calciumbedarfs eines Erwachsenen gedeckt. Grünkohl ist reich an Selen, das Schutz vor Krebs bietet, und enthält Magnesium und Vitamin E für ein gesundes Herz. Die in Grünkohl enthaltenen Substanzen sorgen zudem für junge und gesund aussehende Haut.

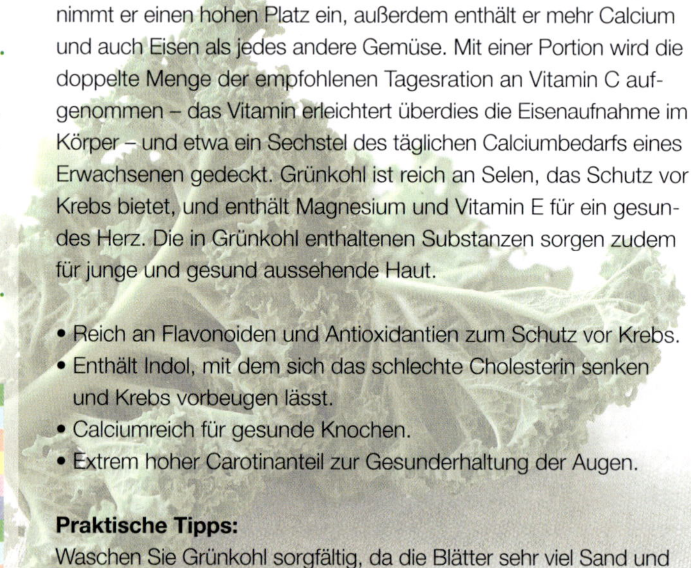

- Reich an Flavonoiden und Antioxidantien zum Schutz vor Krebs.
- Enthält Indol, mit dem sich das schlechte Cholesterin senken und Krebs vorbeugen lässt.
- Calciumreich für gesunde Knochen.
- Extrem hoher Carotinanteil zur Gesunderhaltung der Augen.

Praktische Tipps:
Waschen Sie Grünkohl sorgfältig, da die Blätter sehr viel Sand und Erde enthalten können. Verwerten Sie auch die äußeren, dunkelgrünen Blätter, denn sie enthalten besonders viel Carotinoide und Indol. Grünkohl lässt sich gut dämpfen und pfannenrühren. Zu seinem kräftigen Aroma passen Speck, Eier und Käse. Da Grünkohl beim Garen stark zusammenfällt, sollte die Menge großzügig berechnet werden.

SCHON GEWUSST?

Substanzen im Grünkohl können die Schilddrüse beeinflussen. Daher sollten Menschen mit gestörter Schilddrüsenfunktion eventuell vom Verzehr von Grünkohl absehen.

DIE WICHTIGSTEN NÄHRSTOFFE PRO 100 G GRÜNKOHL

Kalorien (kcal)	50
Fett	0,7 g
Eiweiß	3,3 g
Kohlenhydrate	10 g
Ballaststoffe	2 g
Vitamin C	120 mg
Folsäure	29 µg
Vitamin E	1,7 mg
Kalium	447 mg
Magnesium	34 mg
Calcium	135 mg
Eisen	1,7 mg
Selen	0,9 µg
Betacarotin	9,22 mg
Lutein/Zeaxanthin	39,55 mg

Winterliche Gemüsepfanne

FÜR 4 PERSONEN (V) (D) (S) (K) (E)

750 g frischer Grünkohl
2 EL Rapsöl
1 Zwiebel, gehackt
4 große Knoblauchzehen, gehackt
2 rote Paprika, in feinen Streifen
1 Karotte, geraspelt
100 g kleine Brokkoliröschen
1 Prise getrocknete Chiliflocken (nach Belieben)
125 ml Gemüsebrühe
Salz und Pfeffer
120 g frische Bohnensprossen
gekochter Reis und Zitronenspalten, zum Servieren
1 Handvoll gehackte geröstete Cashewkerne, zum Garnieren

Zubereitung

1 Mit einem scharfen Messer die dicken Mittelrippen der Grünkohlblätter entfernen. Mehrere Blätter aufeinanderlegen und in sehr feine Streifen schneiden. Mit den restlichen Blättern ebenso verfahren.

2 Einen großen Wok oder Topf mit Deckel auf hoher Stufe 30 Sekunden erhitzen. Das Öl hineingeben, durch Schwenken darin verteilen und 30 Sekunden erhitzen. Die Zwiebel darin etwa 3 Minuten unter Rühren anbraten. Dann Knoblauch, Paprika und Karotte zufügen und weiter pfannenrühren, bis die Paprikastreifen weich werden. Brokkoli und, falls verwendet, Chiliflocken zufügen und weiterrühren.

3 Den Grünkohl untermischen und mit der Brühe ablöschen. Mit Salz und Pfeffer würzen. Die Hitze auf mittlere Stufe reduzieren und bei geschlossenem Deckel 10–15 Minuten dünsten, bis der Kohl weich ist.

4 Den Deckel abnehmen und überschüssige Flüssigkeit verdampfen lassen. Mit 2 Gabeln die Bohnensprossen unterheben. Mit Salz und Pfeffer abschmecken. Die Gemüsepfanne auf einem Reisbett anrichten und mit Cashewkernen garnieren. Mit Zitronenspalten zum Beträufeln sofort servieren.

32 STANGEN-SELLERIE

Mit seinem hohen Gehalt an Kalium und Calcium wirkt Sellerie entwässernd und blutdrucksenkend.

SCHON GEWUSST?

Stangensellerie kann viel Nitrat speichern, das vom Körper in Nitrit umgewandelt als Risikofaktor für Krebserkrankungen gilt. Die Forschung hat aber auch belegt, dass nitratreiche Gemüsesorten auch viel nitratneutralisierende Substanzen enthalten.

DIE WICHTIGSTEN NÄHRSTOFFE PRO 100 G STANGENSELLERIE

Kalorien (kcal)	14
Fett	Spuren
Eiweiß	0,7 g
Kohlenhydrate	3 g
Ballaststoffe	1,6 g
Vitamin C	3 mg
Folsäure	36 µg
Vitamin K	35 µg
Kalium	260 mg
Calcium	40 mg
Magnesium	11 mg

Aufgrund seines hohen Wasser- und deshalb niedrigen Kaloriengehalts gilt Stangensellerie seit Langem als ideale Diätkost. Das Staudengemüse ist allerdings auch aus anderen Gründen gesund und wertvoll: Es ist eine gute Kaliumquelle und enthält auch überraschend viel Calcium, das unerlässlich für gesunde Knochen, die Blutdruckregulierung und die Nervenfunktion ist. In den dunkleren Stängeln und den Blättern stecken Carotinoide und mehr Mineralstoffe und Vitamin C als in den helleren inneren Stängeln. In Sellerie ist auch Phthalid zu finden, eine Substanz mit entzündungshemmender und blutdrucksenkender Wirkung.

- Kalorien- und fettarm sowie ballaststoffreich.
- Gute Kaliumquelle.
- Hoher Calciumgehalt sorgt für gesunde Knochen und hilft bei der Regulierung des Blutdrucks.
- Entzündungshemmend.

Praktische Tipps:

Suchen Sie Stangensellerie mit leuchtend grünen und frischen Stangen aus. In einem Plastikbeutel aufbewahrt, bleibt das Gemüse länger knackig frisch. Stangensellerie ist ideal, um Suppen und Eintöpfen Geschmack zu verleihen, und gedünstet eine schmackhafte Beilage zu Fisch, Geflügel oder Wild. Die Blätter können gehackt als Garnierung für Salate und Wokgerichte verwendet werden.

Sellerie-Apfel-Energiedrink

FÜR 2 PERSONEN (V) (D) (S) (K) (E)

120 g Stangensellerie, gehackt
1 Apfel, geschält, entkernt und gewürfelt
625 ml Milch
1 Prise Zucker (nach Belieben)
Salz (nach Belieben)
Selleriestreifen, zum Garnieren

Zubereitung

1 Sellerie, Apfel und Milch im Mixer oder mit dem Stabmixer glatt pürieren.

2 Nach Belieben mit Zucker und etwas Salz abschmecken. In gekühlte Gläser füllen, mit Selleriestreifen garnieren und sofort servieren.

33 SPARGEL

Diesem Gemüse werden entzündungshemmende Wirkungen zugesprochen. Seine besonderen Ballaststoffe sorgen für eine gesunde Verdauung.

Die in Spargel vorhandene Substanz Glutathion hat sich als entzündungshemmend erwiesen, was bei rheumatischer Arthritis helfen kann. Das Gemüse enthält ebenfalls größere Mengen des Kohlenhydrats Oligosaccharid, das präbiotisch im Verdauungstrakt wirkt, da es das Wachstum nützlicher Bakterien stimuliert. Spargel ist eine gute Quelle für Vitamin C, Folsäure, Magnesium, Kalium und Eisen. Für ein Gemüse ungewöhnlich, enthält er auch größere Mengen an antioxidativem Vitamin E, das die Herzgesundheit und das Immunsystem unterstützt. Allgemein lässt sich sagen, dass grüner Spargel vitaminreicher ist als weißer.

- Enthält das als Antioxidans wirkende Glutathion.
- Ballaststoffe mit präbiotischer Wirkung für eine gute Verdauung.
- Gute Quelle für eine Reihe wichtiger Vitamine wie Vitamin E.
- Reich an Eisen, das wichtig für den Energiehaushalt, Heilungsprozesse und Infektionsabwehr ist.

Praktische Tipps:
Spargel sollte schnellstmöglich nach der Ernte verzehrt werden, lässt sich aber in ein feuchtes Tuch geschlagen 1–2 Tage im Kühlschrank lagern. Die Stangen sollten möglichst stehend gekocht werden, damit die zarten Spitzen nicht verkochen. Dicke grüne Stangen können auch mit Öl bestrichen 2–3 Minuten pro Seite gegrillt werden. Spargelbruch oder kleine, dünne Stangen können in Quiches, Suppen und Risottos verwertet werden.

SCHON GEWUSST?

Spargel enthält Purine – Substanzen, die zu Harnsäure abgebaut werden. Gichtpatienten sollten Spargel also möglichst vermeiden oder nur in kleinen Mengen verzehren, da die Purine die Beschwerden verschlimmern.

DIE WICHTIGSTEN NÄHRSTOFFE IN 10 GRÜNEN SPARGELSTANGEN

Kalorien (kcal)	24
Fett	Spuren
Eiweiß	2,6 g
Kohlenhydrate	4,7 g
Ballaststoffe	2,5 g
Vitamin C	6,7 mg
Folsäure	62 µg
Vitamin E	1,36 mg
Kalium	242 mg
Calcium	29 mg
Magnesium	17 mg
Eisen	2,6 mg

Grüner Spargel mit Tomatenvinaigrette

FÜR 4 PERSONEN (V) (D) (S) (K) (E)

Olivenöl, zum Bestreichen
75 g Pinienkerne
500 g dünner grüner Spargel
25 g Parmesan, fein gehobelt

Vinaigrette

350 g Tomaten, gehäutet, entkernt und gehackt
5 EL natives Olivenöl extra
2 EL Balsamico-Essig
Salz und Pfeffer

Zubereitung

1 Den Backofenrost mit Öl bestreichen und den Backofengrill vorheizen. Eine beschichtete Pfanne bei mittlerer Hitze auf den Herd setzen. Die Pinienkerne darin rösten, bis sie leicht gebräunt sind. In eine Schale füllen und beiseitestellen.

2 Für die Vinaigrette die Tomaten mit Öl, Essig, Salz und Pfeffer in einer Schale verrühren.

3 Die Spargelstangen auf den Rost legen und auf oberster Schiene im vorgeheizten Ofen 3–4 Minuten knackig gar grillen. Den Spargel auf einem großen Servierteller anrichten und mit der Vinaigrette beträufeln. Mit Pinienkernen und Parmesan bestreuen und sofort servieren.

34 ERBSEN

Frisch gepalt oder tiefgefroren – Erbsen sind reich an Vitamin C, Ballaststoffen, Eiweiß und Lutein, das gut für die Augen ist.

Erbsen sind eine gute Quelle für eine ganze Reihe von wichtigen Vitaminen und Mineralstoffen, vor allem an antioxidativem Vitamin C, Folsäure und Vitamin B3. Ihr besonders hoher Gehalt an Lutein und Zeaxanthin wirkt als Schutz vor Makuladegeneration. Die B-Vitamine werden zur Prävention von Osteoporose verwertet und senken das Schlaganfallrisiko, weil sie den Homocysteinspiegel im Blut niedrig halten. Darüber hinaus sind Erbsen eine ausgezeichnete Eiweißquelle für Vegetarier, und ihr hoher Gehalt an Ballaststoffen, darunter auch das geleeartige Pektin, hilft, den LDL-Cholesterinspiegel zu senken und Herz- und Gefäßkrankheiten vorzubeugen.

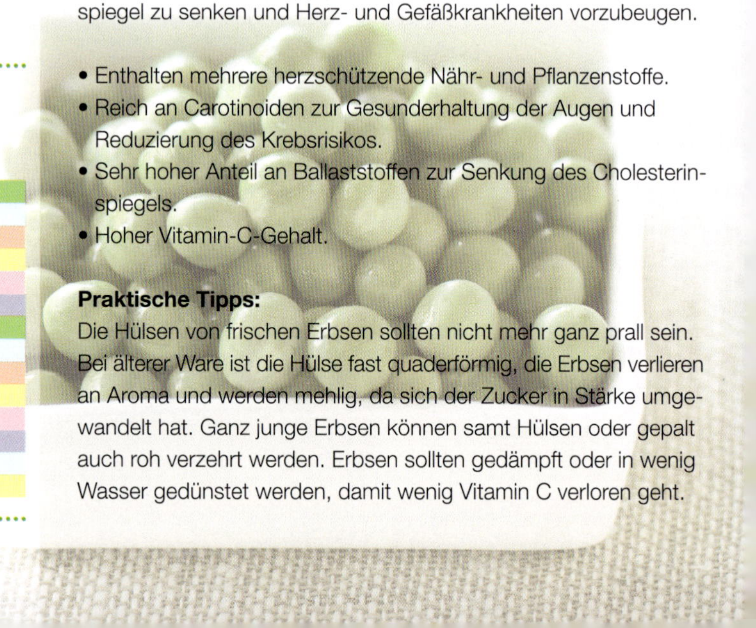

- Enthalten mehrere herzschützende Nähr- und Pflanzenstoffe.
- Reich an Carotinoiden zur Gesunderhaltung der Augen und Reduzierung des Krebsrisikos.
- Sehr hoher Anteil an Ballaststoffen zur Senkung des Cholesterinspiegels.
- Hoher Vitamin-C-Gehalt.

Praktische Tipps:
Die Hülsen von frischen Erbsen sollten nicht mehr ganz prall sein. Bei älterer Ware ist die Hülse fast quaderförmig, die Erbsen verlieren an Aroma und werden mehlig, da sich der Zucker in Stärke umgewandelt hat. Ganz junge Erbsen können samt Hülsen oder gepalt auch roh verzehrt werden. Erbsen sollten gedämpft oder in wenig Wasser gedünstet werden, damit wenig Vitamin C verloren geht.

SCHON GEWUSST?

Tiefkühlerbsen, die wenige Stunden nach der Ernte verarbeitet und gefroren werden, enthalten zuweilen mehr Vitamin C und andere Wirkstoffe als frische Erbsen in der Hülse.

DIE WICHTIGSTEN NÄHRSTOFFE PRO 100 G ERBSEN

Kalorien (kcal)	81
Fett	0,4 g
Eiweiß	5,4 g
Kohlenhydrate	14,5 g
Ballaststoffe	5,1 g
Vitamin C	40 mg
Folsäure	65 µg
Vitamin B3	2,1 mg
Magnesium	33 mg
Kalium	244 mg
Eisen	1,5 mg
Calcium	56 mg
Zink	1,2 mg
Lutein/Zeaxanthin	2,47 mg

Geeister Erbsenschaum

FÜR 3–4 PERSONEN (V) (D) (S) (K) (E)

425 ml Gemüsebrühe oder Wasser
675 g Erbsen, Tiefkühlware aufgetaut
50 g Frühlingszwiebeln, grob gehackt
Salz und Pfeffer
300 g Naturjoghurt

Zum Garnieren

2 EL frisch gehackte Minze
2 EL frisch gehackte Frühlingszwiebeln oder Schnittlauch
fein abgeriebene Zitronenschale
Olivenöl

Zubereitung

1 Die Brühe in einem großen Topf bei mittlerer Hitze zum Kochen bringen. Die Hitze reduzieren, Erbsen und Frühlingszwiebeln zufügen und 5 Minuten köcheln lassen.

2 Die Brühe etwas abkühlen lassen, dann durch ein Haarsieb in eine Schüssel passieren. Die Erbsen zweimal durch das Haarsieb streichen, um die Erbsenschalen zu entfernen. Die Suppe salzen und pfeffern, dann den Joghurt unterrühren. Die Schüssel mit Frischhaltefolie abgedeckt mehrere Stunden in den Kühlschrank stellen.

3 Zum Servieren die Erbsensuppe mit einem Stabmixer kurz aufschäumen und in Schalen füllen. Mit Minze, Frühlingszwiebeln und Zitronenschale garnieren. Mit Olivenöl beträufeln und sofort servieren.

35 ROTE BETE

Diese süßlich schmeckende Rübe gehört zwar nicht zu den vitaminreichsten Gemüsesorten, im Winter ist sie jedoch ein sehr wertvolles Gemüse.

Unter den Speiserüben ist die Rote Bete die bekannteste und wertvollste. Betain, das für die dunkelrote Farbe dieser Rübe verantwortlich ist, ist in seiner blutdrucksenkenden Wirkung ein stärkeres Antioxidans als Polyphenole. Eine Studie hat zudem belegt, dass der hohe Nitratanteil in Rote-Bete-Saft gefäßerweiternd wirkt und hilft, die Blutgefäßwände zu stärken. Rote Bete ist außerdem reich an Anthocyanen, die hilfreich bei der Vorbeugung von Darm- und anderen Krebsarten sind.

- Enthält blutdrucksenkendes und entzündungshemmendes Betain.
- Enthält Nitrate, die gefäßerweiternd wirken.
- Anthocyane können präventiv gegen Krebserkrankungen wirken.
- Gute Eisen-, Magnesium- und Folsäurequelle.

Praktische Tipps:
Gekochte Rote Bete hält sich in einem luftdichten Behälter einige Tage im Kühlschrank; sie kann auch püriert und eingefroren werden. Zum Garen kürzen Sie die Blätter bis auf 5 cm vom Stielansatz. Auch die Wurzel und die Schale sollten dranbleiben, sonst „bluten" die Rüben aus. Die Rüben sollten etwa 50 Minuten in Wasser gekocht werden; sie können auch mit etwas Öl bestrichen und in Alufolie gewickelt bei 200 °C 1 Stunde gebacken werden. Die Schalen lassen sich nach dem Garen einfach und schnell abreiben. Ganz junge Rüben können auch geschält und fein gerieben roh in Salaten verspeist oder zu Saft gepresst werden.

SCHON GEWUSST?

Rote Bete wurden ursprünglich wegen ihres Blattlaubs angebaut. Ganz junge, zarte Blätter können wie Spinat zubereitet werden.

DIE WICHTIGSTEN NÄHRSTOFFE PRO 100 G ROTE BEETE

Kalorien (kcal)	36
Fett	Spuren
Eiweiß	1,7 g
Kohlenhydrate	7,6 g
Ballaststoffe	1,9 g
Vitamin C	5 mg
Folsäure	150 µg
Kalium	380 mg
Calcium	20 mg
Eisen	1,0 mg
Magnesium	23 mg

Rote-Bete-Salat mit Spinat

FÜR 4 PERSONEN (V) (D) (S) (K) (E)

650 g gekochte Rote Beten
3 EL natives Olivenöl extra
Saft von 1 Orange
1 TL Feinstzucker
1 TL Fenchelsamen
120 g Babyspinat
Salz und Pfeffer

Zubereitung

1 Die Rote Beten mit einem scharfen Messer würfeln. Das Olivenöl in einem kleinen, schweren Topf erhitzen. Orangensaft, Zucker und Fenchelsamen zufügen. Mit Salz und Pfeffer würzen und rühren, bis sich der Zucker aufgelöst hat.

2 Die Rote Beten zufügen und rühren, bis sie mit dem Dressing überzogen sind. Den Topf vom Herd nehmen.

3 Die Spinatblätter in eine Salatschüssel geben. Die warmen Rote Beten mit dem Dressing darübergeben und sofort servieren.

36 ROTKOHL

Die Inhaltstoffe in diesem Kohlgemüse sind wirksam zur Vorbeugung diverser Krebsarten und von Alterungszeichen.

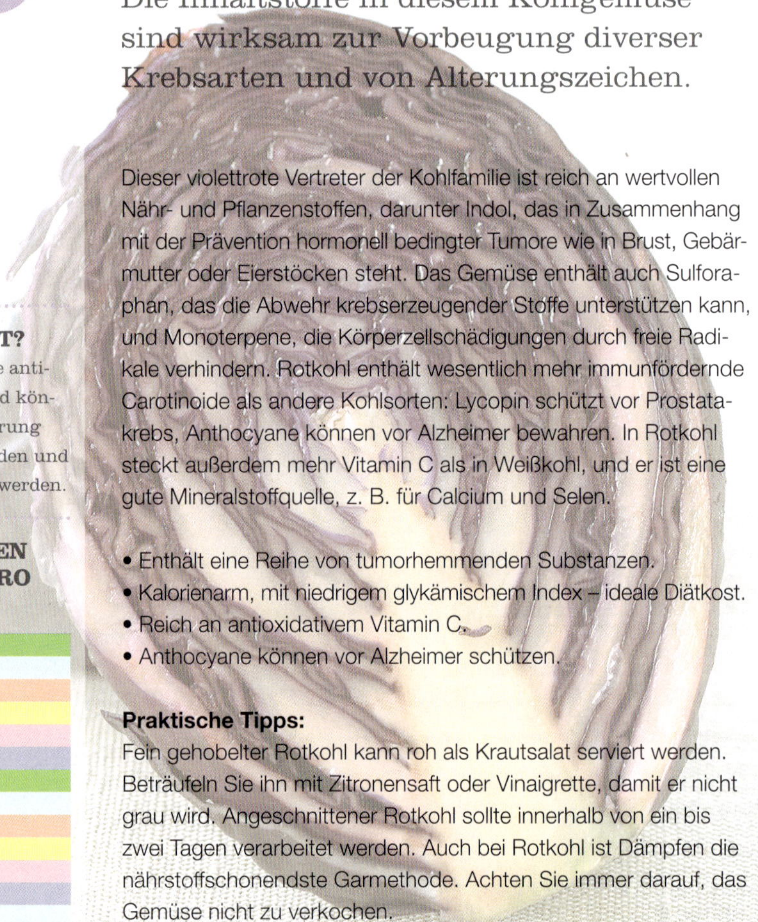

Dieser violettrote Vertreter der Kohlfamilie ist reich an wertvollen Nähr- und Pflanzenstoffen, darunter Indol, das in Zusammenhang mit der Prävention hormonell bedingter Tumore wie in Brust, Gebärmutter oder Eierstöcken steht. Das Gemüse enthält auch Sulforaphan, das die Abwehr krebserzeugender Stoffe unterstützen kann, und Monoterpene, die Körperzellschädigungen durch freie Radikale verhindern. Rotkohl enthält wesentlich mehr immunfördernde Carotinoide als andere Kohlsorten: Lycopin schützt vor Prostatakrebs, Anthocyane können vor Alzheimer bewahren. In Rotkohl steckt außerdem mehr Vitamin C als in Weißkohl, und er ist eine gute Mineralstoffquelle, z. B. für Calcium und Selen.

- Enthält eine Reihe von tumorhemmenden Substanzen.
- Kalorienarm, mit niedrigem glykämischem Index – ideale Diätkost.
- Reich an antioxidativem Vitamin C.
- Anthocyane können vor Alzheimer schützen.

Praktische Tipps:

Fein gehobelter Rotkohl kann roh als Krautsalat serviert werden. Beträufeln Sie ihn mit Zitronensaft oder Vinaigrette, damit er nicht grau wird. Angeschnittener Rotkohl sollte innerhalb von ein bis zwei Tagen verarbeitet werden. Auch bei Rotkohl ist Dämpfen die nährstoffschonendste Garmethode. Achten Sie immer darauf, das Gemüse nicht zu verkochen.

SCHON GEWUSST?

Kohlblätter haben eine antiseptische Wirkung und können zur Schmerzlinderung und Heilung auf Wunden und Prellungen aufgelegt werden.

DIE WICHTIGSTEN NÄHRSTOFFE PRO 100 G ROTKOHL

Kalorien (kcal)	31
Fett	Spuren
Eiweiß	1,4 g
Kohlenhydrate	7,4 g
Ballaststoffe	2,1 g
Vitamin C	57 mg
Folsäure	18 µg
Vitamin B3	0,4 mg
Kalium	243 mg
Eisen	0,8 mg
Calcium	45 mg
Selen	0,6 µg
Betacarotin	670 mg
Lutein/Zeaxanthin	329 µg

Rotkohl mit Tofu und Walnüssen

FÜR 4 PERSONEN (V) (D) (K) (E)

350 g Weißkohl
350 g Rotkohl
4 EL Erdnussöl
1 EL Walnussöl
2 Knoblauchzehen, zerdrückt
8 Frühlingszwiebeln
225 g fester Tofu, gewürfelt
2 EL Zitronensaft
100 g Walnusskerne
2 TL Dijon-Senf
Salz und Pfeffer
2 TL Mohnsaat, zum Garnieren

Zubereitung

1. Beide Kohlsorten mit einem scharfen Messer in feine Streifen schneiden.
2. Einen Wok auf hoher Stufe 30 Sekunden erhitzen. Die Öle hineingeben, durch Schwenken darin verteilen und 30 Sekunden erhitzen. Knoblauch, Kohl, Frühlingszwiebeln und Tofu darin 5 Minuten unter Rühren anbraten.
3. Zitronensaft, Walnüsse und Senf zufügen und gut unterrühren. Mit Salz und Pfeffer würzen und weitere 5 Minuten pfannenrühren, bis der Kohl knackig gar ist.
4. Den Wokinhalt in eine vorgewärmte Servierschüssel füllen, mit dem Mohn bestreuen und sofort servieren.

41

BOHNEN-SPROSSEN

Bohnensprossen sind eine kalorienarme Quelle für wertvolle Nährstoffe wie Eiweiß, Vitamin C, Folsäure und Calcium.

Viele Hülsenfrüchte lassen sich problemlos auf der Fensterbank zum Keimen bringen. Bei Supermarktware handelt es sich hauptsächlich um Sprossen von Mungbohnen, Alfalfa- und Azukibohnen, Linsen und Erbsen. Sie sind sehr kalorienarme Lieferanten von Nähr- und Pflanzenstoffen und hervorragend für Diätkost geeignet. Bedingt durch die Wasserzufuhr beim Keimen enthalten Bohnensprossen im Gegensatz zu getrockneten Bohnen reichlich Vitamin C. Darüber hinaus sind sie eine gute Eiweiß- und Calciumquelle, enthalten viel Folsäure, die für gesundes Blut und die Entwicklung des Fötus im Mutterleib unerlässlich ist.

- Kalorienarm und reich an fettarmen Eiweißen.
- Enthalten viel Vitamin C.
- Reich an Folsäure.
- Gute Quelle für diverse Mineralien wie Eisen, Magnesium, Calcium und Kalium.

Praktische Tipps:
Die meisten Hülsenfrüchte können in wenigen Tagen an einem dunklen Ort auf einem täglich befeuchteten Stück Küchenpapier zum Keimen gebracht werden. Im Handel gibt es auch spezielle Keimboxen. Bohnensprossen verlieren nach dem Keimen rasch ihr Vitamin C, sodass sie schnell verzehrt werden sollten. Die Sprossen können roh für Salate oder Sandwiches verwendet oder in Gemüsepfannen kurz mitgegart oder als Garnierung verwendet werden.

SCHON GEWUSST?

Rohe Sprossen, besonders von Alfalfa- und Mungbohnen, sind nicht selten mit *Escherichia-coli*-Bakterien oder Salmonellen befallen, die zu schweren bis lebensgefährlichen Durchfallerkrankungen führen können. Deshalb sollten sie sehr sorgfältig gewaschen werden.

DIE WICHTIGSTEN NÄHRSTOFFE PRO 100 G SPROSSEN

Kalorien (kcal)	30
Fett	Spuren
Eiweiß	3 g
Kohlenhydrate	6 g
Ballaststoffe	1,8 g
Vitamin C	13 mg
Folsäure	61 µg
Magnesium	21 mg
Kalium	149 mg
Eisen	0,9 mg
Calcium	13 mg

Sprossensalat

FÜR 4 PERSONEN (V) (D) (S) (K) (E)

350 g Bohnensprossen
1 kleine Gurke
1 grüne Paprika, in feine Stifte geschnitten
1 Karotte, in feine Stifte geschnitten
2 Tomaten, klein gewürfelt
1 Selleriestange, in feine Stifte geschnitten
frischer Schnittlauch, zum Garnieren

Dressing

1 Knoblauchzehe, zerdrückt
1 Spritzer Chilisauce
1 EL helle Sojasauce
1 TL Weinessig
1 EL Sesamöl

Zubereitung

1 Die Bohnensprossen 1 Minute in kochendem Wasser blanchieren. Unter fließend kaltem Wasser abschrecken und gut abtropfen lassen.

2 Die Gurke längs halbieren, mit einem Teelöffel entkernen und das Fruchtfleisch in feine Stifte schneiden. Mit Bohnensprossen, Paprika, Karotte, Tomaten und Sellerie mischen.

3 Für das Dressing die Zutaten verrühren, über den Salat gießen und unterheben. Den Salat auf 4 Servierteller verteilen, mit Schnittlauchhalmen garnieren und sofort servieren.

42 PORREE

Porree gehört zur Familie der Lauchgewächse. Es kann schlechtes LDL-Cholesterin im Blut senken und Herzerkrankungen vorbeugen.

Porree hat einen leicht süßlichen zwiebelartigen Geschmack, doch ist er milder als die meisten Zwiebelarten. Die langen Stangen haben einen weißen unteren Teil und einen hell- bis dunkelgrünen blattartigen oberen Teil, der ebenfalls genießbar ist. Porree senkt den LDL-Cholesterinspiegel und erhöht das gute HDL-Cholesterin und kann dazu beitragen, Herz- und Gefäßkrankheiten vorzubeugen. Regelmäßiger Verzehr wird auch in Zusammenhang mit einem reduzierten Risiko für Prostata-, Eierstock- und Darmkrebs gebracht. Diese Schutzfunktionen gehen auf die Schwefelverbindung Allicin zurück. Porree enthält überdies reichlich Vitamin C, Vitamin E, Folsäure, Ballaststoffe sowie mehrere wichtige Mineralstoffe.

- Senkt den schlechten Cholesterinspiegel und erhöht den guten.
- Wirkt krebshemmend.
- Leicht abführende und entwässernde Wirkung.
- Enthält viele Carotinoide, darunter Lutein und Zeaxanthin, für gesunde Augen.

Praktische Tipps:
Porree sollte sorgfältig gewaschen werden, da sich zwischen den Blättern Erde und Sand befinden können. Je dunkler die Blätter, desto mehr gesundheitsfördernde Substanzen sind enthalten. Porree sollte vitaminschonend eher gedämpft, gebacken oder kurzgebraten als gekocht werden. Der dunklere Teil benötigt eine etwas längere Garzeit.

SCHON GEWUSST?

Porree ist seit über 4000 Jahren bekannt. Die alten Griechen schätzten das Gemüse wegen seines wohltuenden Effekts auf Hals und Rachen.

DIE WICHTIGSTEN NÄHRSTOFFE IN EINER STANGE

Kalorien (kcal)	61
Fett	0,3 g
Eiweiß	1,5 g
Kohlenhydrate	14 g
Ballaststoffe	1,8 g
Vitamin C	12 mg
Folsäure	64 µg
Vitamin E	0,9 mg
Calcium	59 mg
Eisen	2,1 mg
Kalium	180 mg
Magnesium	28 mg
Betacarotin	1 mg
Lutein/Zeaxanthin	1,9 mg

Hühnchensuppe mit Porree

FÜR 6–8 PERSONEN (D) (S) (K)

1 küchenfertiges Suppenhuhn (etwa 1,3 kg)
2 EL Olivenöl
2 Zwiebeln, grob gehackt
2 Karotten, gehackt
5 Porreestangen, 2 grob gehackt, 3 in feine Ringe geschnitten
2 Lorbeerblätter
Salz und Pfeffer
6 Backpflaumen, in Streifen
frische Petersilie, zum Garnieren

Zubereitung

1 Das Huhn innen und außen abwischen und so viel Haut und Fett wie möglich entfernen: Die Haut auf der Brustseite lässt sich einfach mit den Fingern lösen. Die Haut auf den Keulen kann mit einem scharfen Messer mit kleinen Schnitten entfernt werden. Fettdepots befinden sich außerdem im Bauchraum und auf dem Rücken.

2 Das Öl in einem großen Topf erhitzen. Zwiebeln, Karotten und den grob gehackten Porree darin bei mittlerer Hitze 3–4 Minuten goldbraun anbraten.

3 Das Huhn zusammen mit den Lorbeerblättern zum Gemüse in den Topf geben. Mit so viel kaltem Wasser auffüllen, dass das Huhn knapp bedeckt ist. Salzen und pfeffern und zum Kochen bringen. Die Hitze reduzieren und bei geschlossenem Deckel 1–1½ Stunden köcheln lassen. Dabei regelmäßig den Schaum von der Oberfläche abschöpfen.

4 Das Huhn aus der Brühe nehmen und letzte Hautreste entfernen. Das Fleisch von der Karkasse lösen und in kleine Stücke schneiden. Die Brühe durch ein Haarsieb in eine Schüssel passieren. Gemüse und Lorbeerblätter entsorgen. Die Brühe – sie sollte 1,25–1,5 l ergeben – zurück in den ausgespülten Topf füllen. Falls genügend Zeit bleibt, die Brühe erkalten lassen und dann das fest gewordene Fett von der Oberfläche abschöpfen. Falls nicht, das Oberflächenfett mit Küchenpapier aufsaugen.

5 Die Brühe bis zum Siedepunkt erhitzen. Porreeringe und Backpflaumen zufügen und etwa 1 Minute erhitzen.

6 Die Fleischstücke in die Brühe geben und erhitzen. Die Suppe in vorgewärmte Suppenschalen füllen und sofort mit Petersilie garniert servieren.

43 RADICCHIO

Die roten Blätter dieses Chicoréegewächses enthalten Farbstoffe, die eine krebshemmende und zugleich herzschützende Wirkung haben.

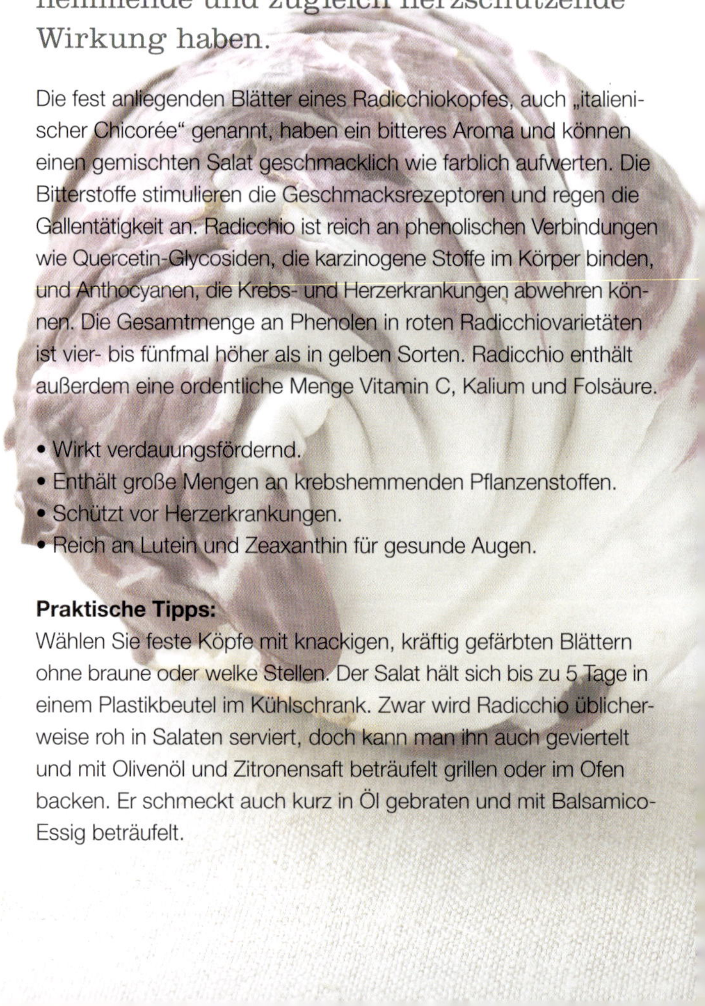

Die fest anliegenden Blätter eines Radicchiokopfes, auch „italienischer Chicorée" genannt, haben ein bitteres Aroma und können einen gemischten Salat geschmacklich wie farblich aufwerten. Die Bitterstoffe stimulieren die Geschmacksrezeptoren und regen die Gallentätigkeit an. Radicchio ist reich an phenolischen Verbindungen wie Quercetin-Glycosiden, die karzinogene Stoffe im Körper binden, und Anthocyanen, die Krebs- und Herzerkrankungen abwehren können. Die Gesamtmenge an Phenolen in roten Radicchiovarietäten ist vier- bis fünfmal höher als in gelben Sorten. Radicchio enthält außerdem eine ordentliche Menge Vitamin C, Kalium und Folsäure.

- Wirkt verdauungsfördernd.
- Enthält große Mengen an krebshemmenden Pflanzenstoffen.
- Schützt vor Herzerkrankungen.
- Reich an Lutein und Zeaxanthin für gesunde Augen.

Praktische Tipps:
Wählen Sie feste Köpfe mit knackigen, kräftig gefärbten Blättern ohne braune oder welke Stellen. Der Salat hält sich bis zu 5 Tage in einem Plastikbeutel im Kühlschrank. Zwar wird Radicchio üblicherweise roh in Salaten serviert, doch kann man ihn auch geviertelt und mit Olivenöl und Zitronensaft beträufelt grillen oder im Ofen backen. Er schmeckt auch kurz in Öl gebraten und mit Balsamico-Essig beträufelt.

SCHON GEWUSST?

Die zwei häufigsten Sorten sind der Radicchio di Chioggia mit rundlichen, dunkelweinroten Blättern, weißen Rippen und festen Köpfen sowie der Radicchio di Verona, der lockere bis feste ovale Köpfe mit mittelweinroten Blättern und weißen Rippen bildet.

DIE WICHTIGSTEN NÄHRSTOFFE PRO 50 G RADICCHIO

Kalorien (kcal)	12
Fett	Spuren
Eiweiß	0,7 g
Kohlenhydrate	2,2 g
Ballaststoffe	0,5 g
Vitamin C	4 mg
Folsäure	30 µg
Kalium	151 mg
Calcium	10 mg
Selen	0,5 mg
Lutein/Zeaxanthin	4,41 mg

Roter Salat

FÜR 4 PERSONEN (V) (D) (S) (K) (E)

2 rote Paprika
1 Radicchio, in Blätter zerteilt
4 gekochte Rote Beten, in Stifte geschnitten
12 Radieschen, in Scheiben geschnitten
4 Frühlingszwiebeln, fein gehackt
knuspriges Brot, zum Servieren

Vinaigrette
6 EL Olivenöl
1½ EL Rotweinessig
1 TL Feinstzucker
1 TL Dijon-Senf
Salz und Pfeffer

Zubereitung

1 Die Paprika entkernen und in Ringe schneiden.

2 Die Radicchioblätter in eine Schüssel geben und mit Paprika, Beten, Radieschen und Frühlingszwiebeln mischen. Die Vinaigrettezutaten verrühren und über den Salat träufeln. Mit knusprigem Brot servieren.

44 RUCOLA

Die gezackten grünen Blätter mit dem pfeffrig scharfen Aroma enthalten viele Carotinoide, die vor diversen Krebserkrankungen schützen können.

Rauke ist ein in weiten Teilen Europas wild wachsendes Mitglied der Kohlfamilie und eng verwandt mit der Senfpflanze. Die länglichen, gezackten dunkelgrünen Blätter, die heute als Rucola im Handel angeboten werden, stammen fast ausschließlich aus kultiviertem Anbau. Allerdings enthält wilde Rauke mehr schützende sekundäre Pflanzenstoffe als die gezüchteten Hybride. Die Blätter sind reich an Carotinoiden und ein ausgezeichneter Lieferant für Lutein und Zeaxanthin für die Augengesundheit bzw. zur Vorbeugung von grauem Star. Das in Rucola und anderen Kohlarten enthaltene Indol gilt als Schutz vor Darmkrebs. Daneben liefert Rucola größere Mengen an Folsäure, die vor allem in der Schwangerschaft wichtig ist, da sie den Fötus schützt, und Calcium für stabile Knochen und ein gesundes Herz.

- Enthält Carotinoide, die vor Krebs schützen.
- Lutein sorgt für gesunde Augen, vor allem bei älteren Personen.
- Enthält Indol, welches das Darmkrebsrisiko senkt.
- Gute Calciumquelle für gesunde Knochen.

Praktische Tipps:
Je dunkler die Blätter sind, desto mehr Carotinoide enthalten sie. Rucola kann in Salaten oder als Garnierung verwendet werden. Er kann auch anstelle von Spinat in Pasta gerührt, zu Pesto verarbeitet oder als Pizzabelag verwendet werden. Rucola hält sich nicht lange frisch und sollte spätestens nach 2 Tagen verwertet werden.

SCHON GEWUSST?

Rucola lässt sich aus Samen schnell selber ziehen – sogar auf der Fensterbank.

DIE WICHTIGSTEN NÄHRSTOFFE PRO 15 G RUCOLA

Kalorien (kcal)	4
Fett	Spuren
Eiweiß	0,4 g
Kohlenhydrate	0,5 g
Ballaststoffe	0,2 g
Vitamin C	2,3 mg
Folsäure	15 µg
Kalium	55 mg
Calcium	24 µg
Betacarotin	214 µg
Lutein/Zeaxanthin	553 µg

Sardellen mit Rucola und Sellerie

FÜR 4 PERSONEN (D) (S) (K)

2 Selleriestangen
4 kleine Handvoll Rucola
12–16 eingelegte Sardellenfilets, längs halbiert
1½ EL natives Olivenöl extra
Salz und Pfeffer
dicke Zitronenspalten, zum Servieren

Zubereitung

1 Die Selleriestangen längs vierteln und in 7 cm lange Stifte schneiden. In eine Schüssel mit Eiswasser geben und 30 Minuten ziehen lassen, bis sie knackig und leicht eingerollt sind. Gut abtropfen lassen und mit Küchenpapier trocken tupfen.

2 Den Rucola auf 4 flache Servierschalen verteilen. Selleriestifte und Sardellenfilets dekorativ darauf anrichten. Mit dem Öl beträufeln. Salzen und pfeffern – denken Sie aber daran, dass die Sardellen bereits sehr salzig sind. Mit den Zitronenspalten servieren.

45 BRUNNENKRESSE

Brunnenkresse ist reich an Vitamin C und enthält sekundäre Pflanzenstoffe, die Lungenkrebs vorbeugen sollen.

Die Blätter der Brunnenkresse strotzen nur so vor wichtigen Nähr- und Pflanzenstoffen. Selbst in kleinen Mengen verzehrt liefern sie reichlich Vitamin C und K, Kalium und Calcium. Darüber hinaus besitzen sie viele Carotinoide wie Lutein, das für gesunde Augen benötigt wird. Brunnenkresse ist reich an sekundären Pflanzenstoffen, die das Krebsrisiko senken, z. B. Phenylethylisothiocyanat, welches das Wachstum von Tumorzellen in den Lungen unterbinden kann. Brunnenkresse wird auch eine die Leber entgiftende und blutreinigende Wirkung zugeschrieben. Ihre Benzylöle wirken stark antibiotisch. Durch Brunnenkresse kann auch Nachtblindheit und übermäßige Lichtempfindlichkeit der Haut (Porphyrie) verbessert werden.

- Wirkt vorbeugend gegen Lungen- und andere Krebsarten.
- Wirkt entgiftend und blutreinigend.
- Kann die Augengesundheit und Nachtblindheit verbessern.
- Liefert viel Vitamin K für stabile Knochen und gesundes Blut.

Praktische Tipps:
Kaufen Sie nur Ware, die keine gelben oder welken Blätter hat. Bewahren Sie Brunnenkresse entweder in einem Plastikbeutel im Kühlschrank oder im Bund in einem bis zum Blattansatz mit Wasser gefüllten Glas auf. Brunnenkresse passt sehr gut zu filetierten Orangen in einem Salat oder lässt sich in größeren Mengen in einer Cremesuppe mit Zwiebeln und Kartoffeln verarbeiten.

SCHON GEWUSST?

Es empfiehlt sich, eher gezüchtete Ware zu verwenden als wilde, eventuell bakteriell verunreinigte und/oder aus verschmutzten Gewässern stammende Brunnenkresse.

DIE WICHTIGSTEN NÄHRSTOFFE PRO 25 G BRUNNENKRESSE

Kalorien (kcal)	3
Fett	Spuren
Eiweiß	0,6 g
Kohlenhydrate	0,3 g
Ballaststoffe	Spuren
Vitamin C	11 mg
Vitamin K	62 µg
Kalium	83 mg
Calcium	30 mg
Betacarotin	705 µg
Lutein/Zeaxanthin	1,44 mg

Salat mit Brunnenkresse und Zucchini

FÜR 4 PERSONEN (V) (D) (S) (K)

100 g grüne Bohnen, gedrittelt
2 Zucchini, in Stifte geschnitten
1 grüne Paprika, in Streifen geschnitten
2 Selleriestangen, in Scheiben geschnitten
1 Bund Brunnenkresse
Salz und Pfeffer

Dressing

200 g Naturjoghurt
1 Knoblauchzehe, zerdrückt
2 EL frisch gehackte Minze

Zubereitung

1 Die Bohnen in einem Topf mit leicht gesalzenem Wasser 7–8 Minuten kochen. Die Zucchini zugeben, die Hitze reduzieren und 5 Minuten sanft mitköcheln lassen. Das Gemüse abgießen, gut abtropfen und vollständig auskühlen lassen.

2 Zucchini und Bohnen mit Paprika, Sellerie und Brunnenkresse in einer großen Salatschüssel vermengen.

3 Für das Dressing Joghurt, Knoblauch und Minze in einer Schale verrühren und mit Pfeffer abschmecken. Über den Salat gießen und sofort servieren.

46 WIRSING

Die grünen Blätter dieser Kohlart enthalten reichlich Mineralien und Vitamin C sowie Nähr- und sekundäre Pflanzenstoffe, die den Körper vor Tumorzellen schützen.

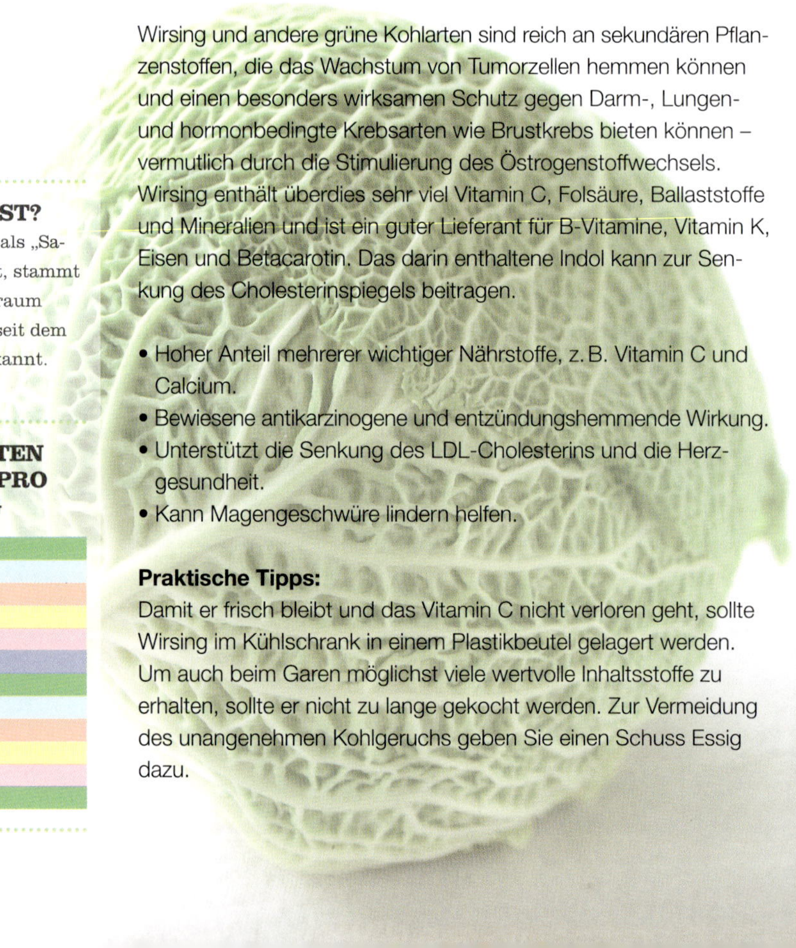

Wirsing und andere grüne Kohlarten sind reich an sekundären Pflanzenstoffen, die das Wachstum von Tumorzellen hemmen können und einen besonders wirksamen Schutz gegen Darm-, Lungen- und hormonbedingte Krebsarten wie Brustkrebs bieten können – vermutlich durch die Stimulierung des Östrogenstoffwechsels. Wirsing enthält überdies sehr viel Vitamin C, Folsäure, Ballaststoffe und Mineralien und ist ein guter Lieferant für B-Vitamine, Vitamin K, Eisen und Betacarotin. Das darin enthaltene Indol kann zur Senkung des Cholesterinspiegels beitragen.

- Hoher Anteil mehrerer wichtiger Nährstoffe, z. B. Vitamin C und Calcium.
- Bewiesene antikarzinogene und entzündungshemmende Wirkung.
- Unterstützt die Senkung des LDL-Cholesterins und die Herzgesundheit.
- Kann Magengeschwüre lindern helfen.

Praktische Tipps:
Damit er frisch bleibt und das Vitamin C nicht verloren geht, sollte Wirsing im Kühlschrank in einem Plastikbeutel gelagert werden. Um auch beim Garen möglichst viele wertvolle Inhaltsstoffe zu erhalten, sollte er nicht zu lange gekocht werden. Zur Vermeidung des unangenehmen Kohlgeruchs geben Sie einen Schuss Essig dazu.

SCHON GEWUSST?

Diese Kohlart, auch als „Savoyer Kohl" bekannt, stammt aus dem Mittelmeerraum und ist mindestens seit dem 16. Jahrhundert bekannt.

DIE WICHTIGSTEN NÄHRSTOFFE PRO 100 G WIRSING

Kalorien (kcal)	27
Fett	Spuren
Eiweiß	2 g
Kohlenhydrate	6 g
Ballaststoffe	3 g
Vitamin C	31 mg
Folsäure	3 µg
Kalium	230 mg
Magnesium	28 mg
Calcium	35 mg
Selen	0,9 µg
Betacarotin	600 µg

Frühlingstopf

FÜR 4 PERSONEN (V) (D) (S) (K)

2 EL Olivenöl
4–8 Perlzwiebeln, halbiert
2 Selleriestangen, in Scheiben geschnitten
225 g Babykarotten, große Exemplare längs halbiert
300 g neue Kartoffeln, halbiert, große Exemplare geviertelt
850 ml–1,25 l Gemüsebrühe
400 g weiße Bohnen aus der Dose, abgespült und abgetropft
1½–2 EL helle Sojasauce
80 g Babymaiskolben
170 g frische dicke Bohnen, gepalt
Salz und Pfeffer
½–1 Wirsingkohl
1½ EL Speisestärke
2 EL kaltes Wasser
50–75 g frisch geriebener Parmesan, zum Servieren

Zubereitung

1 Das Öl in einem großen, schweren Topf mit Deckel erhitzen. Zwiebeln, Sellerie, Karotten und Kartoffeln darin unter häufigem Rühren 3 Minuten andünsten. Mit der Brühe ablöschen. Weiße Bohnen und Sojasauce zufügen und zum Kochen bringen. Die Hitze reduzieren und bei geschlossenem Deckel 2 Minuten köcheln lassen.

2 Mais und dicke Bohnen zufügen. Salzen und pfeffern. 3 Minuten köcheln lassen.

3 Währenddessen die groben Außenblätter vom Kohl entfernen und entsorgen. Den Kohl vierteln und den Strunk herausschneiden. Die Kohlviertel in feine Streifen schneiden, in den Topf geben und weitere 15–17 Minuten mitköcheln lassen, bis alles gar ist.

4 Die Stärke mit dem Wasser anrühren und in die Suppe rühren. Weitere 4–6 Minuten unter Rühren garen, bis die Suppe etwas eingedickt ist. Mit dem Parmesan servieren.

47 CHICORÉE

Diese zarten Stauden haben stark entzündungshemmende Eigenschaften, die helfen, Arthritisbeschwerden zu lindern.

Mit seinem leicht bitteren Geschmack ist Chicorée eine ideale Salatzutat. Unter Lichtausschluss gezüchtet, bilden die Stauden kein Chlorophyll und bleiben blass. Zudem wird dadurch verhindert, dass sich der Bitterstoff Lactucopikrin zu stark entwickelt und das Gemüse ungenießbar machen würde. Die sekundären Pflanzenstoffe wirken entzündungshemmend und können Gicht- und Arthritisbeschwerden lindern. Außerdem gelten sie als beruhigend. Chicorée enthält den besonderen präbiotischen Ballaststoff Inulin, der zum einen durch die Stimulierung nützlicher Darmbakterien für eine gute Verdauung sorgt und zum anderen blutzuckerregulierend und immunstärkend wirkt sowie den LDL-Cholesterinspiegel senken bzw. den HDL-Cholesterinwert erhöhen kann.

- Präbiotisch für eine gesunde Darmflora.
- Reguliert den Blutzuckerspiegel.
- Verbessert die Cholesterinwerte im Blut.
- Leicht sedative und entzündungshemmende Eigenschaften.
- Kann leicht abführend wirken.

Praktische Tipps:
Chicorée schmeckt roh mit Orangenfilets oder Birnenspalten in Salaten oder geschmort. Chicoréestauden sind lichtempfindlich und sollten deshalb in braunes Papier eingeschlagen im Kühlschrank aufbewahrt werden. Damit klein geschnittene Blätter sich nicht braun verfärben, sollten sie mit Zitronensaft beträufelt werden.

SCHON GEWUSST?

Die Wurzel der Chicoréestaude ist lang und dick. Getrocknet, geröstet und gemahlen können die Wurzeln als Kaffee-Ersatz (Zichorienkaffee) verwendet werden.

DIE WICHTIGSTEN NÄHRSTOFFE PRO 50 G CHICORÉE

Kalorien (kcal)	9
Fett	Spuren
Eiweiß	0,5 g
Kohlenhydrate	2 g
Ballaststoffe	1,6 g
Folsäure	19 µg
Calcium	10 mg
Kalium	106 mg

Chicoréesalat mit Birnen

FÜR 4 PERSONEN (V) (D) (K) (E)

50 g Walnusskerne, grob gehackt
2 EL Ahornsirup
2 große Birnen
Saft von ½ Zitrone
2 Chicorée, in Blätter zerteilt
80 g Blauschimmelkäse

Vinaigrette

4 EL Olivenöl
1 EL Weißweinessig
½ TL Feinstzucker
½ TL Dijon-Senf
Salz und Pfeffer

Zubereitung

1 Den Backofengrill vorheizen. Die Nüsse mit dem Ahornsirup in einer kleinen Schale vermengen, sodass sie ganz mit Sirup überzogen sind. In einer Schicht auf dem Backblech verteilen. Dabei abtropfenden Sirup in der Schale auffangen. Die Nüsse mit Alufolie abgedeckt etwa 2 Minuten grillen, bis sie heiß sind und der Sirup Blasen wirft. Aus dem Ofen nehmen und auskühlen lassen.

2 Die Birnen schälen, entkernen und längs in feine Spalten schneiden. Mit dem Zitronensaft bestreichen, damit sie nicht braun werden.

3 Die Zutaten für die Vinaigrette in einer Schale verrühren.

4 Die Chicoréeblätter in eine Schüssel geben, mit der Vinaigrette beträufeln und von Hand sorgfältig wenden, bis die Blätter gleichmäßig überzogen sind.

5 Chicorée und Birnenspalten auf 4 Serviertellern anrichten. Den Käse darüberkrümeln und die Walnüsse darauf verteilen.

48 KÜRBIS

Orangefleischiger Kürbis bietet Schutz gegen Lungenkrebs und ist reich an Vitamin C und E.

Kürbisse eignen sich mit ihrem leicht nussigen Aroma sowohl für die herzhafte als auch für die süße Küche. Orangefleischige Sorten wie Hokkaido besitzen besonders viele wertvolle Inhaltsstoffe, und Butternusskürbis gehört zu den besten Quellen für Beta-Cryptoxanthin, ein Carotinoid, das in Zusammenhang mit der Prävention von Lungenkrebs genannt wird. Andere Carotinoide reduzieren das Risiko von Darmkrebs und Prostataproblemen. Sie können entzündliche arthritische oder asthmatische Beschwerden lindern. Das Gemüse ist ein guter Lieferant verschiedener Vitamine und Mineralien, wie z. B. Vitamin C und E, Calcium, Eisen und Magnesium.

- Enthält sekundäre Pflanzenstoffe, die vor Lungen- und Darmkrebs schützen.
- Entzündungshemmend.
- Vitamin- und mineralstoffreich.
- Hoher Anteil an ballaststoffreichen komplexen Kohlenhydraten.

Praktische Tipps:
Winterkürbisse halten sich bis zu 6 Monate an einem kühlen und frostfreien, dunklen und gut durchlüfteten Ort. Für die Zubereitung werden Kürbisse mit einem scharfen Messer halbiert und entkernt und können gefüllt, im Ofen gebacken oder geschält und in Scheiben geschnitten und gebraten werden. Beim Hokkaido-Kürbis kann die Schale mitverzehrt werden. Die Carotinoide werden vom Körper besser absorbiert, wenn Kürbis mit etwas Fett zubereitet wird.

SCHON GEWUSST?

Werfen Sie die wertvollen Kürbiskerne nicht weg. Sie können bei kleiner Hitze im Ofen getrocknet, geschält und geknabbert werden.

DIE WICHTIGSTEN NÄHRSTOFFE PRO 200 G BUTTERNUSSKÜRBIS

Kalorien (kcal)	68
Fett	Spuren
Eiweiß	1,5 g
Kohlenhydrate	17,5 g
Ballaststoffe	3 g
Vitamin C	31 mg
Folsäure	41 µg
Vitamin B3	1,8 mg
Vitamin E	2,2 mg
Kalium	528 mg
Calcium	72 mg
Eisen	1 mg
Magnesium	51 mg
Betacarotin	6,33 mg
Beta-Cryptoxanthin	5,2 mg

Kürbissuppe

FÜR 6–8 PERSONEN (D) (S) (K)

1 Acorn- oder Butternusskürbis
350 g Süßkartoffeln
4 Schalotten
2 EL Olivenöl
5–6 Knoblauchzehen, ungeschält
875 ml Hühnerbrühe
100 g saure Sahne
Pfeffer
frisch gehackter Schnittlauch, zum Garnieren

Zubereitung

1 Den Backofen auf 190 °C vorheizen. Kürbis, Süßkartoffeln und Schalotten längs halbieren. Den Kürbis entkernen. Alle Schnittseiten mit dem Öl bestreichen.

2 Das Gemüse mit der Schnittseite nach unten in eine flache Auflaufform legen. Die Knoblauchzehen dazwischen verteilen. Im vorgeheizten Ofen etwa 40 Minuten garen, bis das Gemüse weich und leicht gebräunt ist. Abkühlen lassen.

3 Das Fruchtfleisch aus Süßkartoffeln und Kürbis herausschaben und zusammen mit den Schalotten in einen Topf geben. Die Knoblauchzehen schälen und zu dem anderen Gemüse in den Topf geben.

4 Die Brühe zugießen und bis knapp unter den Siedepunkt erhitzen. Die Hitze reduzieren und bei halb aufgesetztem Deckel unter gelegentlichem Rühren 30 Minuten sanft köcheln lassen.

5 Die Suppe etwas abkühlen lassen, dann im Mixer oder mit dem Stabmixer, gegebenenfalls portionsweise, glatt pürieren. (Bei Verwendung eines Mixers nur die Gemüsestücke mit wenig Brühe pürieren, dann das Püree in die restliche Brühe rühren.)

6 Die Suppe zurück in den ausgespülten Topf füllen. Mit Pfeffer abschmecken und 5–10 Minuten erhitzen. In vorgewärmte Suppenschalen füllen und die saure Sahne unterziehen. Mit etwas grob gemahlenem Pfeffer und Schnittlauch garniert servieren.

49 BLATTSALAT

Blattsalate sind schlaffördernd, und ihre wenigen Kalorien bei gleichzeitig vielen Ballaststoffen machen sie zu einer beliebten Zutat für die leichte Küche.

Die Auswahl an Blattsalaten ist mittlerweile riesig, doch wenn Sie Ihre Wahl nach gesundheitlichen Aspekten treffen, sollten Sie zu mittel- bis dunkelgrünen Sorten oder solchen mit rötlichen Blattspitzen greifen – sie enthalten mehr Carotinoide und Vitamin C als hellere Varietäten. Romanasalat beispielsweise enthält fünfmal mehr Vitamin C und mehr Betacarotin als Eisbergsalat. Die kräftiger gefärbten Köpfe enthalten größere Mengen an Folsäure, Kalium und Eisen. Blattsalate sind ballaststoffreich, haben sehr wenig Kalorien und einen niedrigen glykämischen Index.

- Nährstoffreiche und kalorienarme Diätkost.
- Reich an antioxidativem Vitamin C und Carotinoiden zur Krankheitsabwehr.
- Leicht sedative Wirkung.
- Enthält Folsäure für die Gesundheit von Herz und Blutgefäßen.

Praktische Tipps:
Blattsalate sollten vor dem Verzehr auf alle Fälle gewaschen werden, da sie oft mit Pflanzenschutzmittel- und Düngerrückständen oder Bakterien behaftet sind. Nicht verwendeter Salat hält sich 1–2 Tage in einem Plastikbeutel im Kühlschrank. Ölhaltiges Salatdressing erleichtert die Carotinaufnahme. Es sollte erst unmittelbar vor dem Verzehr zugefügt werden, da die Blätter schnell welk werden.

SCHON GEWUSST?

Meist wird Kopfsalat roh gegessen, man kann ihn aber, wie es in Frankreich gerne getan wird, auch dünsten. In China wird Salat häufig in Wokgerichten verwendet.

DIE WICHTIGSTEN NÄHRSTOFFE PRO 80 G BLATTSALAT

Kalorien (kcal)	14
Fett	Spuren
Eiweiß	1 g
Kohlenhydrate	2,6 g
Ballaststoffe	1,7 g
Vitamin C	19 mg
Folsäure	109 µg
Kalium	198 mg
Calcium	26 mg
Eisen	0,8 mg
Betacarotin	2,78 mg
Lutein/Zeaxanthin	1,85 mg

Grüner Salat mit Bohnen

FÜR 4–6 PERSONEN (D) (S) (K) (E)

450 g grüne Bohnen
100 g fettarme Mayonnaise
100 g fettarmer Naturjoghurt
½ EL Zitronensaft (nach Belieben mehr)
½ TL Koma-Currypaste (nach Belieben mehr)
½ TL Kurkuma
Salz und Pfeffer
2 kleine oder 1 großer Kopfsalat, zerteilt
3 gekochte Hähnchenbrustfilets, in feine diagonale Scheiben geschnitten

Kräutervinaigrette
5 EL Olivenöl
4 TL Weißweinessig
1 gehäufter TL Feinstzucker
1 TL Dijon-Senf
1 gehäufter EL frisch gehackte Petersilie, Estragon und Minze gemischt
Salz und Pfeffer

Zubereitung

1 Die Bohnen in einem großen Topf mit Salzwasser 12 Minuten kochen. Das Wasser abgießen und die Bohnen zum Abschrecken sofort in eine Schüssel mit eiskaltem Wasser tauchen, um den Garprozess zu stoppen und sie schnell herunterzukühlen.

2 Währenddessen die Zutaten für die Vinaigrette in einer Schüssel verrühren. Die erkalteten Bohnen gut abtropfen lassen und mit Küchenpapier trocken tupfen. Dann in der Vinaigrette wenden.

3 Für die Currymayonnaise Mayonnaise und Joghurt in einer Schale glatt rühren. Zitronensaft, Currypaste und Kurkuma unterrühren. Mit Salz und Pfeffer abschmecken und nach Belieben weiteren Zitronensaft und/oder Currypaste einarbeiten. Abgedeckt bis zum Gebrauch in den Kühlschrank stellen.

4 Vor dem Servieren den Salat auf Servierteller verteilen oder in eine Servierschüssel geben. Die Bohnen in der Mitte darauf anrichten. Die Hähnchenbrustscheiben ringsum leicht überlappend verteilen und mit der Currymayonnaise überziehen. Sofort servieren.

3

HUHN, FISCH & MEERES-FRÜCHTE

Vollgepackt mit Omega-3-Fettsäuren, Mineralien und Eiweißen gehören Huhn, Fisch und Meeresfrüchte zu den wichtigsten Bausteinen einer gesunden und ausgewogenen Ernährung. Köstlich gewürzt und gegrillt, lassen sie sich auf vielfältige Weise als Vorspeise, Hauptgericht oder Zwischenmahlzeit zubereiten.

(V) Für Vegetarier geeignet

(D) Geeignete Diätkost

(S) Für Schwangere geeignet

(K) Für Kinder über 5 Jahre geeignet

(E) Einfach und schnell

50 HUHN

Was Großmutter schon immer wusste, ist mittlerweile wissenschaftlich bestätigt: Hühnerbrühe stärkt die Abwehrkräfte und hilft bei Erkältungen und Fieber.

Hühnerbrühe soll Erkältungssymptome und Fieber lindern, indem sie die Produktion von Abwehrkörpern anregt. Werden Hühnerknochen mitgekocht, wird dieser Effekt noch verstärkt. Eine Portion mageres Hühnerfleisch enthält fast die Hälfte der empfohlenen Tagesdosis an Eiweiß einer erwachsenen Frau und deckt mehr als den halben Tagesbedarf an Vitamin B3 sowie einen Großteil der Tagesmenge mehrerer Mineralien, wie Eisen, antioxidatives Zink und Kalium. Hühnerfleisch ist außerdem reich an Selen, das eine starke antikarzinogene Wirkung hat. Studien haben belegt, dass Biohühnchen mehr Omega-3-Fettsäuren, Vitamin E und andere Wirkstoffe aufweisen als Tiere aus herkömmlicher Haltung.

- Regt das Immunsystem an und schützt vor Krebs.
- Der hohe Vitamin-B3-Gehalt hilft bei der Vorbeugung von Alzheimer und Gedächtnisverlust.
- B-Vitamine unterstützen den Energiestoffwechsel.
- Vitamin B6 schützt die Arterien vor einer Schädigung durch Homocystein, ein Risikofaktor für Herzerkrankungen.

Praktische Tipps:
Frisches Huhn sollte abgedeckt im Kühlschrank nicht länger als 3 Tage aufbewahrt werden, sonst droht vermehrte Bakterienbildung. Vor der Zubereitung sollte das Geflügel gründlich abgespült werden. Verwenden Sie ein separates Schneidebrett für rohes Geflügel, und waschen Sie nach dem Kontakt Hände und Gerätschaft sorgfältig.

SCHON GEWUSST?
Das Fett sitzt bei Huhn vor allem in der Haut. Für ein fettarmes Gericht sollte die Haut entfernt werden.

DIE WICHTIGSTEN NÄHRSTOFFE PRO 150 G HUHN (OHNE HAUT):

Kalorien (kcal)	166
Fett	4 g
Eiweiß	30,5 g
Vitamin B3	11,8 g
Vitamin B5	1,5 g
Vitamin B6	0,6 mg
Vitamin B12	0,5 µg
Kalium	356 mg
Selen	25 µg
Magnesium	34 mg
Calcium	15 mg
Eisen	1,5 mg
Zink	1,8 mg

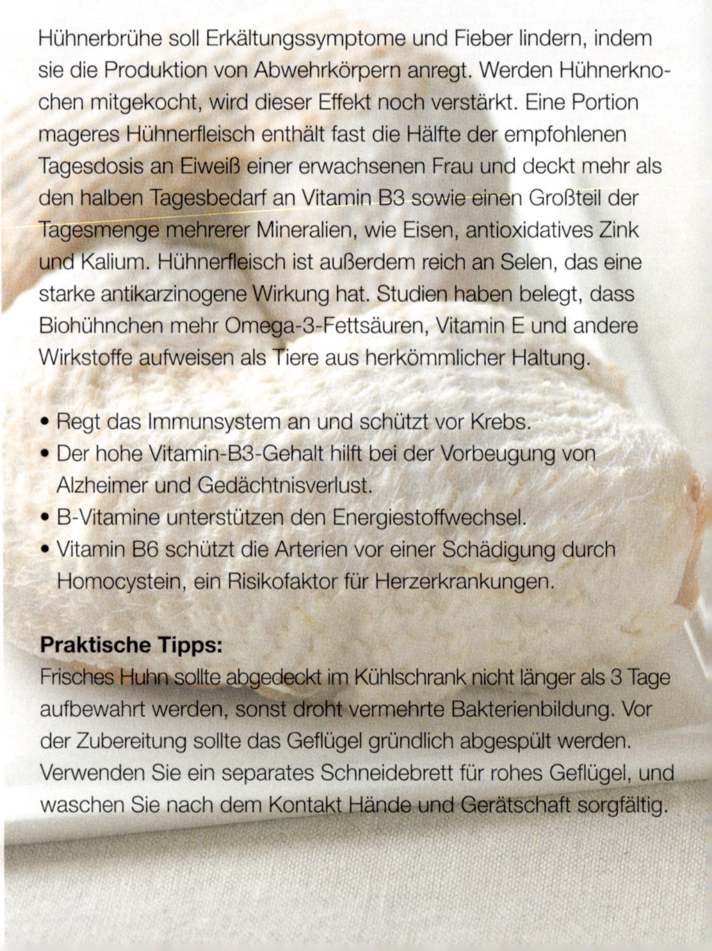

Schnelles Hühnchen-Laksa

FÜR 4 PERSONEN (D) (S) (K) (E)

930 ml fettarme Kokosmilch
950 ml Hühnerbrühe
2–3 EL Laksa-Paste
3 Hähnchenbrustfilets (à 175 g), in Streifen geschnitten
250 g Cocktailtomaten, halbiert
250 g Zuckererbsen, diagonal halbiert
200 g getrocknete Reisnudeln
1 kleines Bund frischer Koriander, grob gehackt

Zubereitung

1 Kokosmilch und Brühe in einen Topf füllen und die Laksa-Paste unterrühren. Die Hähnchenbruststreifen zufügen und 10–15 Minuten bei sanfter Hitze gar ziehen lassen.

2 Tomaten, Zuckererbsen und Nudeln untermischen und weitere 2–3 Minuten köcheln lassen, bis die Nudeln gar sind. Den Koriander unterrühren und sofort servieren.

51 THUNFISCH

Frischer Thunfisch ist eine wichtige Quelle für Omega-3-Fettsäuren und antioxidative Mineralien, die gut für Arterien und Herz sind. Er enthält zudem reichlich Vitamin E.

Thunfisch ist mit seiner festen, fleischartigen Konsistenz eine ausgezeichnete Wahl für alle, die sich mit Fisch etwas schwertun. Schnell zubereitet, ist er eine hervorragende Eiweißquelle und besonders reich an B-Vitaminen, Selen und Magnesium. Bereits eine kleine Portion enthält rund 10 Prozent des Tagesbedarfs an Vitamin E. Zwar sind in den meisten Thunfischarten weniger essenzielle Omega-3-Fettsäuren als in anderen Fettfischen, doch immer noch reichlich EPA (Eicosapentaensäure) und DHA (Docosahexaensäure) zu finden. Letztere wird insbesondere für eine gesunde Herz- und Gehirnfunktion benötigt. Bereits eine wöchentliche Portion Thunfisch kann mehr als ein Drittel der empfohlenen Wochendosis von 3,4 g decken.

- Guter Lieferant für die Omega-3-Fettsäuren EPA und DHA, die vor diversen Krankheiten schützen.
- Eiweißreich.
- Enthält viel Selen und Magnesium für ein gesundes Herz.
- Extrem reichhaltig an Vitamin B12 für gesundes Blut.

Praktische Tipps:
Frischer Fisch sollte geruchlos sein und wird am besten am Tag des Einkaufs zubereitet und verzehrt. Um alle wertvollen Eigenschaften der Omega-3-Fettsäuren zu bewahren, sollte Thunfisch möglichst kurz von beiden Seiten in einer Pfanne angebraten werden. Thunfischsteaks können auch in Scheiben geschnitten und mit Gemüsestiften im Wok gebraten werden.

SCHON GEWUSST?

Thunfisch aus der Dose, egal ob in Öl, im eigenen Saft, in Lake oder einer Sauce, enthält fast keine Omega-3-Fettsäuren mehr. Deshalb sollten Sie Konservenware nicht als Fettfischkonsum berechnen.

DIE WICHTIGSTEN NÄHRSTOFFE PRO 100 G THUNFISCH

Kalorien (kcal)	144
Fett	4,9 g
Eiweiß	23 g
EPA	0,4 g
DHA	1,2 g
Vitamin B3	8,3 mg
Vitamin B5	1 mg
Vitamin B6	0,5 mg
Vitamin B12	9,4 µg
Vitamin E	1 mg
Kalium	252 mg
Selen	36 µg
Magnesium	50 mg
Eisen	1 mg
Zink	0,6 mg

Thunfisch mit Bohnen und Artischocken

FÜR 6 PERSONEN (D) (K)

100 ml natives Olivenöl extra
Saft von 1 Zitrone
½ TL getrocknete rote Chiliflocken
¼ TL grob gemahlener schwarzer Pfeffer
4 dünne frische Thunfischsteaks (450 g)
800 g weiße Bohnen aus der Dose, abgespült und abgetropft
1 Schalotte, fein gehackt
1 Knoblauchzehe, zerdrückt
2 TL fein gehackter frischer Rosmarin
2 EL frisch gehackte glatte Petersilie
Salz und Pfeffer
4 Artischockenherzen in Öl, abgetropft und geviertelt
4 Tomaten, in Spalten geschnitten
16 entsteinte schwarze Oliven
Zitronenspalten, zum Servieren

Zubereitung

1 4 Esslöffel Öl, 3 Esslöffel Zitronensaft, Chiliflocken und schwarzen Pfeffer in einer flachen Form verrühren. Die Thunfischsteaks hineingeben und bei Zimmertemperatur 1 Stunde unter gelegentlichem Wenden marinieren.

2 Die Bohnen in eine mikrowellengeeignete Schüssel geben und bei mittlerer Wattzahl 2 Minuten erhitzen. Die noch warmen Bohnen mit 2 Esslöffeln Öl beträufeln. Dann Schalotte, Knoblauch, Kräuter und den restlichen Zitronensaft untermischen. Mit wenig Salz und reichlich Pfeffer würzen, dann 30 Minuten ziehen lassen.

3 Eine Grill- oder beschichtete Pfanne mit dem restlichen Öl bestreichen und sehr stark erhitzen. Die Thunfischsteaks abtropfen lassen und von beiden Seiten 1–2 Minuten scharf anbraten. Die Steaks auf ein Schneidebrett heben. Den Herd ausschalten, die Marinade in die Pfanne gießen und 1–2 Minuten erhitzen.

4 Die Bohnen in eine Servierschüssel füllen. Artischocken, Tomaten, Oliven und Marinade unterheben. Die Thunfischsteaks zerteilen und auf dem Salat anrichten. Mit Zitronenspalten garnieren und zimmerwarm servieren.

53 MAKRELEN

Makrelen sind eine ausgezeichnete Quelle für Omega-3-Fettsäuren, sie liefern zudem viele Mineralien und Vitamin E.

Makrele ist eine gute Wahl zur Deckung der empfohlenen wöchentlichen 1–2 Portionen Fettfisch. Kaum ein anderer Fisch enthält mehr EPA und DHA, die beiden speziellen Omega-3-Fettsäuren, die in größeren Mengen fast nur in Fettfisch und Fischleber enthalten sind. Wissenschaftliche Studien haben nachgewiesen, dass eine erhöhte Zufuhr viele wichtige gesundheitliche Vorzüge mit sich bringt, und zahlreiche Untersuchungen zeigen, dass durch eine regelmäßige Einnahme von Fischölen Entzündungen reduziert, der Blutdruck gesenkt sowie Blutfett- und Cholesterinwerte verbessert und somit Herzerkrankungen und Schlaganfällen vorgebeugt werden.

- Entzündungshemmende Wirkung, die die Symptome von Morbus Crohn, Gelenkbeschwerden und Arthritis lindern kann.
- Wirken präventiv gegen Herzerkrankungen und Schlaganfälle.
- Reich an Selen, Magnesium, Eisen und Kalium sowie an Vitamin D und E.

Praktische Tipps:
Wählen Sie nur Makrelen mit fester, glänzender Haut und prallen Augen. Frische Makrelen biegen sich nicht nach unten, wenn man sie waagerecht in einer Hand hält. Makrelen sollten innerhalb von 24 Stunden nach dem Kauf zubereitet werden. Backen, Grillen oder Braten sind geeignete Zubereitungsmethoden, und anstelle von üppigen Sahnesaucen sollte man die Fische am besten scharf oder pikant gewürzt servieren.

SCHON GEWUSST?

Die Römer verwendeten Makrelen zur Herstellung von Garum, einer fermentierten Fischsauce.

DIE WICHTIGSTEN NÄHRSTOFFE PRO 100 G MAKRELEN

Kalorien (kcal)	207
Fett	14 g
EPA	0,71 g
DHA	1,1 g
Vitamin B3	9,1 mg
Vitamin B6	0,4 mg
Vitamin B12	8,8 µg
Vitamin D	3,63 µg
Vitamin E	1,5 mg
Kalium	317 mg
Selen	44,5 µg
Magnesium	77 mg
Eisen	1,6 mg
Zink	0,6 mg

Gegrillte Makrelen

FÜR 4 PERSONEN (D) (K) (E)

4 Makrelen
2 EL Olivenöl
2 EL Zitronensaft
Meersalz und Pfeffer

Zum Servieren
Zitronenspalten
gedünstete grüne Bohnen

Zubereitung

1 Den Backofengrill vorheizen. Die Fische säubern und die Köpfe abtrennen. Die Fische auf beiden Seiten mehrmals diagonal einschneiden. Mit Öl, Zitronensaft, Salz und Pfeffer gut einreiben. Dabei Salz und Pfeffer in die Schlitze massieren.
2 Die Fische im Backofengrill 5–6 Minuten von jeder Seite grillen.
3 Auf 4 vorgewärmte Servierteller geben und mit Zitronenspalten und grünen Bohnen sofort servieren.

54 LACHS

Lachs liefert reichlich Omega-3-Fettsäuren, krebshemmendes Selen und Vitamin B12, das vorbeugend gegen Herzerkrankungen und eine Form von Anämie wirkt.

Der Lachs, den wir heute essen, stammt überwiegend aus Aquazucht. Wenngleich wilder Lachs tendenziell fettärmer ist und teilweise ein besseres Nährwertprofil besitzt, sind die beiden Sorten doch weitgehend vergleichbar. Lachs ist unser wichtigster Lieferant für Fischöle, die zum Schutz vor Herzerkrankungen, Schlaganfällen, Bluthochdruck, Blutgerinnseln, hohen Cholesterinwerten, Alzheimer, Depression und bestimmten Hautkrankheiten dienen. Lachs ist außerdem eine vorzügliche Quelle für Selen, das Schutz vor Krebs bietet, Eiweiß, Vitamin B3, 6 und 12 sowie Magnesium.

- Schützt vor Herz-Kreislauf-Erkrankungen und Schlaganfällen.
- Hält das Gehirn gesund und verbessert die Insulinresistenz.
- Kann bei Kindern konzentrationsfördernd, leistungssteigernd sein und vor Asthma schützen.
- Sorgt für schöne Haut, vermindert Sonnenbrände, kann bei Ekzemen helfen und trockenen Augen vorbeugen.
- Lindert Gelenkschmerzen und kann vor Krebs schützen.

Praktische Tipps:
Für eine optimale Omega-3-Verwertung sollte Lachs nur schonend gegart und eher pochiert oder gegrillt als gebraten werden. Ein Übergaren kann die essenziellen Fettsäuren oxidieren lassen und wertlos machen. Während in Tiefkühlware die wertvollen Öle, Vitamine und Mineralien erhalten bleiben, gehen sie bei Konservenware teilweise verloren.

SCHON GEWUSST?

Lachs aus Aquazucht kann bis zu zweimal so viel Fett enthalten wie wild gefangener Fisch.

DIE WICHTIGSTEN NÄHRSTOFFE PRO 100 G LACHS

Kalorien (kcal)	183
Fett	10,8 g
Eiweiß	19,9 g
EPA	0,618 g
DHA	1,293 g
Vitamin C	3,9 µg
Folsäure	26 µg
Vitamin B3	7,5 mg
Vitamin B6	64 mg
Vitamin B12	2,8 µg
Vitamin E	1,9 mg
Kalium	362 mg
Selen	36,5 µg
Magnesium	28 mg
Zink	0,4 mg

Lachs und Jakobsmuscheln mit Koriander

FÜR 6–8 PERSONEN (D) (E)

6 EL Erdnussöl
300 g Lachssteak, ohne Haut, in 2,5 cm große Würfel geschnitten
225 g frische Jakobsmuscheln, ausgelöst
3 Karotten, in feine Scheiben geschnitten
2 Selleriestangen, in 2,5 cm dicke Stücke geschnitten
2 gelbe Paprika, in feine Streifen geschnitten
175 g Austernpilze, in feine Streifen geschnitten
1 Knoblauchzehe, zerdrückt
6 EL frisch gehackter Koriander
3 Schalotten, in feine Streifen geschnitten
Saft von 2 Limetten
1 TL fein abgeriebene Limettenschale
1 TL getrocknete rote Chiliflocken
3 EL trockener Sherry
3 EL Sojasauce
gekochte asiatische Nudeln, zum Servieren

Zubereitung

1 Das Öl in einer großen Pfanne oder einem Wok erhitzen. Lachs und Jakobsmuscheln darin bei mittlerer Hitze 3 Minuten unter Rühren anbraten. Aus der Pfanne nehmen und warm halten.

2 Karotten, Sellerie, Paprika, Pilze und Knoblauch in die Pfanne geben und 3 Minuten pfannenrühren. Koriander und Schalotten untermischen.

3 Limettensaft und -schale, Chiliflocken, Sherry und Sojasauce unterrühren. Lachs und Jakobsmuscheln zurück in die Pfanne geben und 1 Minute mitgaren. Auf vorgewärmten Serviertellern auf einem Nudelbett anrichten und sofort servieren.

55 VENUS-MUSCHELN

Diese Muscheln sind fettarm und sehr eiweißhaltig. Aus diesem Grund sind sie das ideale Nahrungsmittel für alle, die Diät halten.

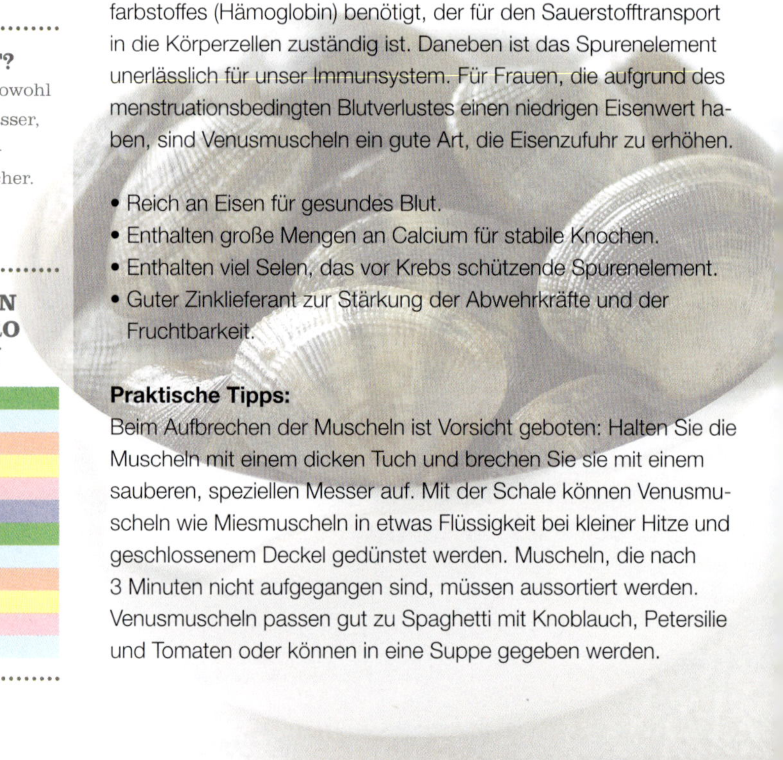

Es gibt zahlreiche, in Größe und Form unterschiedliche Unterarten und Gattungen der Venusmuschel. Alle genießbaren sind fettarm und reich an B-Vitaminen und Mineralien, z. B. Eisen: Bereits 100 g decken den Tagesbedarf. Eisen wird für die Bildung des roten Blutfarbstoffes (Hämoglobin) benötigt, der für den Sauerstofftransport in die Körperzellen zuständig ist. Daneben ist das Spurenelement unerlässlich für unser Immunsystem. Für Frauen, die aufgrund des menstruationsbedingten Blutverlustes einen niedrigen Eisenwert haben, sind Venusmuscheln ein gute Art, die Eisenzufuhr zu erhöhen.

- Reich an Eisen für gesundes Blut.
- Enthalten große Mengen an Calcium für stabile Knochen.
- Enthalten viel Selen, das vor Krebs schützende Spurenelement.
- Guter Zinklieferant zur Stärkung der Abwehrkräfte und der Fruchtbarkeit.

Praktische Tipps:
Beim Aufbrechen der Muscheln ist Vorsicht geboten: Halten Sie die Muscheln mit einem dicken Tuch und brechen Sie sie mit einem sauberen, speziellen Messer auf. Mit der Schale können Venusmuscheln wie Miesmuscheln in etwas Flüssigkeit bei kleiner Hitze und geschlossenem Deckel gedünstet werden. Muscheln, die nach 3 Minuten nicht aufgegangen sind, müssen aussortiert werden. Venusmuscheln passen gut zu Spaghetti mit Knoblauch, Petersilie und Tomaten oder können in eine Suppe gegeben werden.

SCHON GEWUSST?

Venusmuscheln leben sowohl in Salz- als auch Süßwasser, doch gelten Salzwassermuscheln als aromatischer.

DIE WICHTIGSTEN NÄHRSTOFFE PRO 100 G MUSCHELN

Kalorien (kcal)	74
Fett	0,9 g
Eiweiß	12,8 g
Folsäure	16 µg
Vitamin B3	3,6 mg
Vitamin B12	2 µg
Kalium	314 mg
Selen	24 µg
Magnesium	9 mg
Zink	1,4 mg
Calcium	46 mg
Eisen	14 mg

Venusmuscheln in Schwarzer-Bohnen-Sauce

FÜR 2 PERSONEN (D) (E)

900 g kleine Venusmuscheln
1 EL Rapsöl
1 TL fein gehackter frischer Ingwer
1 TL fein gehackter Knoblauch
1 EL fermentierte schwarze Bohnen, abgespült und grob gehackt
2 TL chinesischer Reiswein oder trockener Sherry
1 EL fein gehackte Frühlingszwiebeln
1 TL Salz (nach Belieben)

Zubereitung

1 Die Muscheln gut waschen, dann bis zum Gebrauch mit sauberem Wasser bedecken.

2 Einen Wok auf starker Stufe 30 Sekunden erhitzen. Das Öl hineingießen, durch Schwenken darin verteilen und 30 Sekunden erhitzen. Ingwer und Knoblauch darin unter Rühren anbraten, bis sie zu duften beginnen. Die Bohnen zufügen und eine weitere Minute garen.

3 Muscheln und Reiswein zugeben und bei starker Hitze 2 Minuten pfannenrühren. Dann den Deckel aufsetzen und 3 Minuten dünsten. Frühlingszwiebeln und Salz, falls verwendet, zugeben und sofort servieren.

57 AUSTERN

Austern enthalten sehr viel Zink, das die Abwehrkräfte stärkt und für eine bessere Wundheilung sowie für schöne Haut und verbesserte Fruchtbarkeit sorgt.

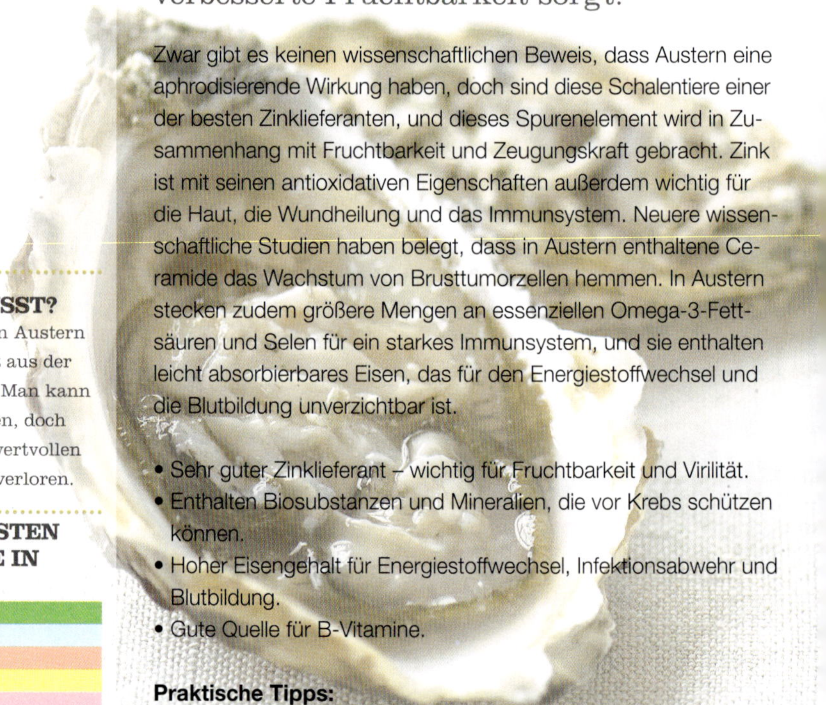

Zwar gibt es keinen wissenschaftlichen Beweis, dass Austern eine aphrodisierende Wirkung haben, doch sind diese Schalentiere einer der besten Zinklieferanten, und dieses Spurenelement wird in Zusammenhang mit Fruchtbarkeit und Zeugungskraft gebracht. Zink ist mit seinen antioxidativen Eigenschaften außerdem wichtig für die Haut, die Wundheilung und das Immunsystem. Neuere wissenschaftliche Studien haben belegt, dass in Austern enthaltene Ceramide das Wachstum von Brusttumorzellen hemmen. In Austern stecken zudem größere Mengen an essenziellen Omega-3-Fettsäuren und Selen für ein starkes Immunsystem, und sie enthalten leicht absorbierbares Eisen, das für den Energiestoffwechsel und die Blutbildung unverzichtbar ist.

- Sehr guter Zinklieferant – wichtig für Fruchtbarkeit und Virilität.
- Enthalten Biosubstanzen und Mineralien, die vor Krebs schützen können.
- Hoher Eisengehalt für Energiestoffwechsel, Infektionsabwehr und Blutbildung.
- Gute Quelle für B-Vitamine.

Praktische Tipps:
Austern müssen absolut frisch sein und, wenn sie roh verspeist werden, auch noch lebend. Es wird sehr empfohlen, gezüchtete Austern zu essen, da wilde Austern in den letzten Jahren erhebliche toxische Belastungen aufweisen.

SCHON GEWUSST?

Traditionell werden Austern ohne Kauen direkt aus der Schale geschlürft. Man kann Austern auch garen, doch gehen einige der wertvollen Inhaltstoffe dabei verloren.

DIE WICHTIGSTEN NÄHRSTOFFE IN 6 AUSTERN

Kalorien (kcal)	50
Fett	1,3 g
Eiweiß	4,4 g
Folsäure	15 µg
Vitamin B12	13,6 µg
Selen	53,5 µg
Magnesium	28 mg
Zink	31,8 mg
Calcium	37 mg
Eisen	4,9 µg

Austern Rockefeller

ERGIBT 24 (D) (S) (K)

24 große lebende Austern
Meersalz
1 EL fettarme Margarine
2 EL leichtes Olivenöl
6 Frühlingszwiebeln, gehackt
1 große Knoblauchzehe, zerdrückt
3 EL fein gehackter Stangensellerie
40 g Brunnenkresse
80 g junge Spinatblätter, entstielt
1 EL Anislikör
4 EL frische Semmelbrösel
einige Tropfen scharfe Chilisauce, zum Abschmecken
Pfeffer
Zitronenspalten, zum Servieren

Zubereitung

1 Den Backofen auf 200 °C vorheizen. Die Austern mithilfe eines Austernmessers aufbrechen und den Muskel von der unteren Schalenhälfte lösen. Das Austernwasser abgießen. Eine 1–2 cm dicke Schicht Meersalz in eine Bratform füllen, in der alle Austern nebeneinander Platz haben (oder verwenden Sie 2 Formen). Die Austernhälften so in das Salz drücken, dass sie waagerecht liegen. Mit einem großen, feuchten Tuch abdecken und während der Zubereitung der Garnierung kalt stellen.

2 Falls Sie keine Austernteller mit Vertiefungen haben, 4 Servierteller mit einer Schicht Meersalz füllen, sodass 6 Austern nebeneinander Platz haben.

3 Die Hälfte der Margarine mit dem Öl in einer Pfanne zerlassen. Frühlingszwiebeln, Knoblauch und Sellerie darin bei mittlerer Hitze unter häufigem Rühren 2–3 Minuten andünsten.

4 Die restliche Margarine, Brunnenkresse und Spinat zugeben und unter Rühren 1 Minute dünsten, bis das Blattgemüse zusammengefallen ist. Den Pfanneninhalt im Mixer zusammen mit Likör, Semmelbröseln, Chilisauce und Pfeffer glatt pürieren.

5 Auf jede Auster 2–3 Teelöffel Sauce geben und im vorgeheizten Ofen 20 Minuten backen. Die Austernhälften auf die Servierteller setzen und sofort mit Zitronenspalten servieren.

58 MIES-MUSCHELN

Diese preisgünstige und köstliche Muschelsorte steckt voller Eiweiß, B-Vitaminen, die für die Nerven wichtig sind, und Jod, das für die Schilddrüsenfunktion benötigt wird.

Miesmuscheln enthalten wenig gesättigte Fette und Cholesterin, dafür aber viel Eiweiß und einige essenzielle Omega-3-Fettsäuren sowie reichlich Vitamine und Mineralien. Eine Portion Miesmuscheln deckt etwa ein Drittel des empfohlenen Tagesbedarfs eines Erwachsenen an Eisen und etwa drei Viertel an Selen. Miesmuscheln sind ein sehr guter Lieferant für B-Vitamine und decken z. B. mehr als 100 Prozent des täglichen B12-, ein Viertel des Folsäure-Bedarfs und einen Teil des B3-Bedarfs ab. Wie alle Meeresfrüchte enthalten sie viel Fluor, das gut für die Zähne ist, und Jod, das für die Schilddrüsenfunktion benötigt wird.

- Gute kalorien- und fettarme Quelle für hochwertiges Eiweiß.
- Enthalten größere Mengen an Omega-3-Fettsäuren.
- Reich an Eisen und Selen.
- Guter Lieferant für B-Vitamine.

Praktische Tipps:
Frische Miesmuscheln sollten nicht nach Fisch oder Jod riechen, sondern einen leicht salzigen Geruch haben. Muscheln aus der Zucht gelten als gesünder, denn wilde können mit Schwermetallen belastet sein. Exemplare, die sich nicht fest schließen, wenn man daraufklopft, sollten aussortiert werden, ebenso wie Muscheln, die sich nach dem Garen nicht weit geöffnet haben. Miesmuscheln schmecken in einem Weißweinsud mit Knoblauch und Petersilie gedünstet oder in Fischeintöpfen, Suppen, Paellas und Salaten.

SCHON GEWUSST?

Miesmuscheln mit orangefarbenem Fleisch sind Weibchen, während weißeres Fleisch im Allgemeinen auf männliche Exemplare schließen lässt.

DIE WICHTIGSTEN NÄHRSTOFFE PRO 100 G MUSCHELN

Kalorien (kcal)	86
Fett	2,2 g
Eiweiß	11,9 g
EPA	0,41 g
DHA	0,16 g
Vitamin C	8 mg
Folsäure	42 µg
Vitamin B3	1,6 µg
Vitamin B12	12 µg
Vitamin E	0,55 mg
Selen	44,5 µg
Magnesium	34 mg
Kalium	320 mg
Zink	1,6 mg
Calcium	26 mg
Eisen	3,9 mg

Miesmuscheln in Schalottensud

FÜR 4 PERSONEN (D) (K) (E)

2 kg frische Miesmuscheln, abgebürstet und Bärte entfernt
3 EL Rapsöl
½ EL schwarze Senfkörner
8 Schalotten, gehackt
2 Knoblauchzehen, zerdrückt
2 EL heller Essig
4 kleine, frische rote Chillies
430 ml fettarme Kokosmilch
10 frische oder 1 EL getrocknete Curryblätter
½ TL Kurkuma
¼–½ TL Chilipulver
Salz

Zubereitung

1 Muscheln mit defekter Schale oder die sich nicht schließen, wenn man daraufklopft, aussortieren.

2 Das Öl in einer großen Pfanne oder einem Wok mit Deckel erhitzen. Die Senfkörner darin bei mittlerer bis starker Hitze unter Rühren etwa 1 Minute anbraten, bis sie zu springen beginnen.

3 Schalotten und Knoblauch zufügen und unter häufigem Rühren 3 Minuten andünsten, bis sie zu bräunen beginnen. Essig, Chillies, Kokosmilch, Curryblätter, Kurkuma, Chilipulver und 1 Prise Salz zugeben und unter Rühren zum Kochen bringen.

4 Die Hitze auf kleine Stufe reduzieren. Die Muscheln dazugeben und bei geschlossenem Deckel 3–4 Minuten köcheln lassen, bis sich alle geöffnet haben. Dabei häufig an der Pfanne rütteln. Exemplare, die sich nicht geöffnet haben, aussortieren. Die Muscheln in 4 Suppenteller füllen, mit dem Sud übergießen und sofort servieren.

59

TASCHENKREBSE

Diese fettarmen und eiweißreichen Krustentiere enthalten L-Tyrosin, das wichtig für die Gehirnleistung ist, und viel Selen, das eine antikarzinogene Wirkung hat.

Taschenkrebse haben wenig Fett und gesättigte Fettsäuren, dafür aber viele Mineralstoffe. Krebsfleisch liefert L-Tyrosin, eine Aminosäure, die die Gehirnleistung unterstützt. Es enthält ebenso viel Eiweiß wie eine vergleichbare Menge mageres Rindfleisch. Mit einer 100-g-Portion Krebsfleisch werden mehr als die Hälfte der empfohlenen Tagesdosis an Selen gedeckt, ein Spurenelement mit krebshemmender Wirkung, ebenso wie ein Fünftel der Tagesration an Folsäure. Dieses Vitamin unterstützt die Prävention pränataler Defekte und wird auch mit der Senkung des Homocysteinspiegels im Blut in Verbindung gebracht.

- Ausgezeichnete Quelle für ungesättigte Fettsäuren, darunter auch Omega-3-Fettsäuren.
- Liefern mehrere essenzielle Mineralien.
- Enthalten größere Mengen an wichtigen B-Vitaminen.
- Ideales Nahrungsmittel für Menschen, die auf ihr Gewicht achten.

Praktische Tipps:
Sie können Taschenkrebse lebend kaufen, doch die meisten bevorzugen es, frisches Krebsfleisch bereits ausgelöst zu kaufen oder gekocht als Tiefkühlware. Krebsfleischkonserven enthalten häufig viel Salz und haben die meisten Omega-3-Fettsäuren eingebüßt. Das weiße Fleisch hat ein feines, delikates Aroma, während braunes Krebsfleisch reichhaltiger und kräftiger ist. Beide schmecken am besten pur mit etwas Zitronensaft und schwarzem Pfeffer.

SCHON GEWUSST?
Jedes Jahr werden weltweit über 1 Million Tonnen Krebsfleisch konsumiert.

DIE WICHTIGSTEN NÄHRSTOFFE PRO 100 G TASCHENKREBSE

Kalorien (kcal)	90
Fett	4,3 g
Eiweiß	18,5 g
EPH	0,47 g
DHA	0,450 g
Vitamin C	7 mg
Folsäure	44 µg
Vitamin B3	2,5 mg
Vitamin B12	9 µg
Selen	34,5 µg
Magnesium	49 mg
Kalium	173 mg
Zink	2,8 mg
Calcium	26 mg
Eisen	2,5 mg

Pikante Krebsfleischsuppe

FÜR 4 PERSONEN (D) (K) (E)

1 l Hühnerbrühe
2 Tomaten, gehäutet und fein gehackt
2,5-cm-Stück Ingwerwurzel, fein gehackt
1 kleine, frische rote Chili, entkernt und fein gehackt
2 EL chinesischer Reiswein oder trockener Sherry
1 EL Reisessig
¾ TL Zucker
1 EL Speisestärke
2 EL Wasser
175 g weißes Krebsfleisch, Tiefkühlware aufgetaut bzw. Dosenware abgetropft
Salz und Pfeffer
2 Frühlingszwiebeln, zum Garnieren

Zubereitung

1 Die Brühe in einen großen, schweren Topf füllen. Tomaten, Ingwer, Chili, Reiswein, Essig und Zucker zufügen und zum Kochen bringen. Die Hitze reduzieren und die Brühe bei geschlossenem Deckel 10 Minuten köcheln lassen.

2 Die Speisestärke im Wasser auflösen und in die Suppe rühren. Unter ständigem Rühren 2 Minuten einkochen, bis die Suppe etwas eingedickt ist.

3 Das Krebsfleisch vorsichtig unterrühren und 2 Minuten erhitzen. Mit Salz und Pfeffer abschmecken, dann in vorgewärmte Suppenschalen füllen. Mit Frühlingszwiebeln garnieren und sofort servieren.

60 FLUSSKREBSE

Flusskrebsfleisch ist natriumarm, dafür reich an Vitamin E, das Herz und Haut gesund hält.

Flusskrebse sind Frischwasser-Krustentiere. Man kann sie beim Fischhändler oder die abgetrennten Schwänze in gut sortierten Delikatessabteilungen im Kühl- oder Tiefkühlfach finden. Das gegarte Fleisch hat eine hellrosa Farbe, ein süßliches Aroma und ist eine gute Alternative zu Garnelen, wobei es wesentlich weniger Natrium und Cholesterin als Garnelen enthält. Wie die meisten anderen Krustentiere steckt auch Flusskrebsfleisch voller wichtiger Mineralien. Außerdem enthält es viel antioxidatives Vitamin E, das zum Schutz vor Herz- und Gefäßkrankheiten und einigen Krebsarten beiträgt und Arthritisbeschwerden lindern kann.

- Enthalten wenig Kalorien und wenig gesättigte Fettsäuren.
- Ausgezeichnete Vitamin-E-Quelle.
- Enthalten viele essenzielle Mineralien.
- Natrium- und cholesterinarm.

Praktische Tipps:
Flusskrebse sollten möglichst lebend gekauft werden. Zum Garen werden die Tiere je nach Größe 8–15 Minuten in kochendes Wasser gegeben. Gekochtes Flusskrebsfleisch aus dem Kühl- oder Tiefkühlfach kann zimmerwarm serviert oder in Wokgerichten kurz miterhitzt werden. Servieren Sie gekochte Flusskrebsschwänze als Ganzes auf Vollkorntoast mit Zitronensaft und schwarzem Pfeffer, garniert mit Rucola. Aus zerkleinerten Flusskrebsschalen lässt sich ein guter Fischfond oder eine Sauce zubereiten.

SCHON GEWUSST?

Flusskrebse sind eng verwandt mit Hummern. Ihr Fleisch hat ein ähnliches, süßliches Aroma.

DIE WICHTIGSTEN NÄHRSTOFFE PRO 100 G FLUSSKREBSE

Kalorien (kcal)	77
Fett	1 g
Eiweiß	16 g
Folsäure	37 µg
Vitamin B3	2,2 mg
Vitamin B12	2,2 µg
Vitamin E	2,8 mg
Selen	31,2 µg
Magnesium	27 mg
Kalium	302 mg
Zink	1,3 mg
Calcium	27 mg
Eisen	0,8 mg

Flusskrebsschwänze in Tomatensauce

FÜR 4 PERSONEN (D) (S) (K) (E)

1 EL fettarme Margarine
1 EL Olivenöl
2 Schalotten, fein gehackt
4 Tomaten, gehäutet und gehackt
2 EL Tomatenmark
1 Prise getrockneter Oregano
1 Prise Zucker (nach Belieben)
Salz und Pfeffer
450 g ausgelöste Flusskrebsschwänze
3 EL Sahne

Zum Servieren

gekochter Wildreis
1 Handvoll Rucola
Zitronenspalten

Zubereitung

1 Die Margarine mit dem Öl in einem Topf zerlassen. Die Schalotten darin bei kleiner Hitze unter gelegentlichem Rühren 5 Minuten weich dünsten. Tomaten, Tomatenmark und Oregano zufügen und abgedeckt 10–15 Minuten schmoren, bis die Tomaten zerfallen sind. Nach Belieben etwas Zucker unterrühren. Leicht salzen und pfeffern.

2 Die Flusskrebsschwänze zugeben und unter gelegentlichem Rühren 2–3 Minuten sanft erhitzen. Die Sahne unterrühren. Die Flusskrebsschwänze auf dem Reis anrichten und mit Rucola und Zitronenspalten garniert sofort servieren.

61 HUMMER

Fettarmes Hummerfleisch liefert große Mengen an Mineralien, darunter Zink, Kalium, Selen und Calcium.

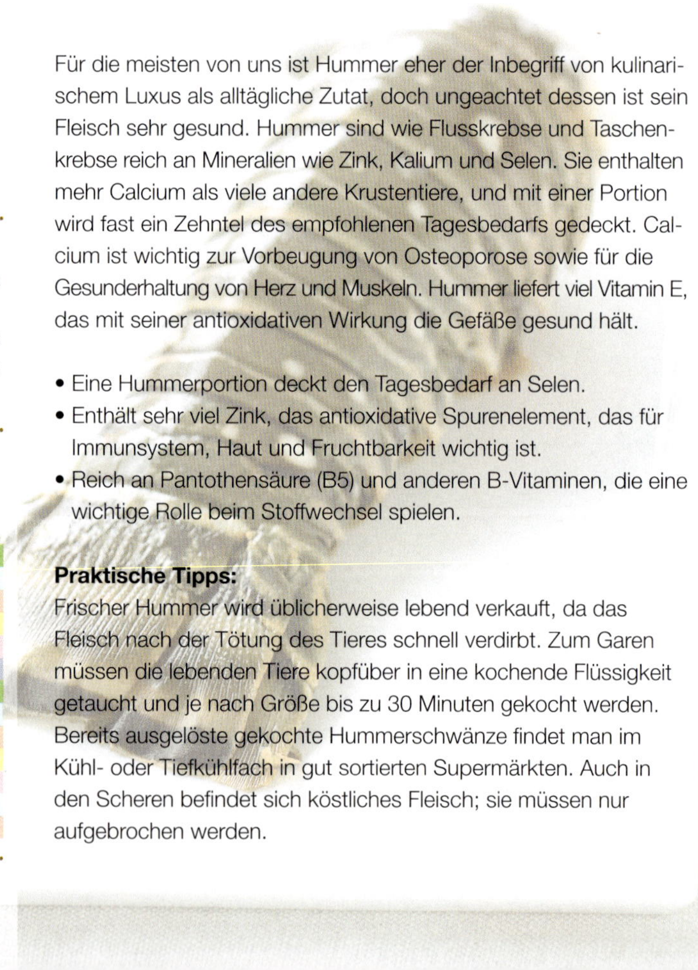

Für die meisten von uns ist Hummer eher der Inbegriff von kulinarischem Luxus als alltägliche Zutat, doch ungeachtet dessen ist sein Fleisch sehr gesund. Hummer sind wie Flusskrebse und Taschenkrebse reich an Mineralien wie Zink, Kalium und Selen. Sie enthalten mehr Calcium als viele andere Krustentiere, und mit einer Portion wird fast ein Zehntel des empfohlenen Tagesbedarfs gedeckt. Calcium ist wichtig zur Vorbeugung von Osteoporose sowie für die Gesunderhaltung von Herz und Muskeln. Hummer liefert viel Vitamin E, das mit seiner antioxidativen Wirkung die Gefäße gesund hält.

- Eine Hummerportion deckt den Tagesbedarf an Selen.
- Enthält sehr viel Zink, das antioxidative Spurenelement, das für Immunsystem, Haut und Fruchtbarkeit wichtig ist.
- Reich an Pantothensäure (B5) und anderen B-Vitaminen, die eine wichtige Rolle beim Stoffwechsel spielen.

Praktische Tipps:
Frischer Hummer wird üblicherweise lebend verkauft, da das Fleisch nach der Tötung des Tieres schnell verdirbt. Zum Garen müssen die lebenden Tiere kopfüber in eine kochende Flüssigkeit getaucht und je nach Größe bis zu 30 Minuten gekocht werden. Bereits ausgelöste gekochte Hummerschwänze findet man im Kühl- oder Tiefkühlfach in gut sortierten Supermärkten. Auch in den Scheren befindet sich köstliches Fleisch; sie müssen nur aufgebrochen werden.

SCHON GEWUSST?
Frei lebende Hummer können über 50 Jahre alt werden. Sie haben einen dunkelblauen bis violetten Panzer, der sich erst beim Kochen rot verfärbt.

DIE WICHTIGSTEN NÄHRSTOFFE IN

Kalorien (kcal)	135
Fett	1,35 g
Eiweiß	28 g
Vitamin B3	2 mg
Vitamin B5	2,4 mg
Vitamin B12	1,4 µg
Vitamin E	2,2 mg
Selen	62 µg
Magnesium	41 mg
Kalium	413 mg
Zink	4,5 g
Calcium	72 mg
Eisen	0,45 mg

Salat mit Hummer und Safranmayonnaise

FÜR 4 PERSONEN (K) (E)

750 g–1 kg frisch gekochtes Hummerfleisch, in mundgerechte Stücke geschnitten
1 große Avocado, geschält, entkernt und gewürfelt
4 vollreife, aber feste Tomaten
Salz und Pfeffer
250 g gemischte Salatblätter
1–2 EL fruchtiges Olivenöl
1 Spritzer Zitronensaft

Safranmayonnaise

1 Prise Safranfäden
1 Eigelb
1 TL Dijon-Senf
1 EL Weißweinessig
Salz und Pfeffer
300 ml Rapsöl

Zubereitung

1 Für die Mayonnaise die Safranfäden in etwas warmem Wasser einweichen. Währenddessen Eigelb, Senf, Essig und 1 Prise Salz mit einem elektrischen Handrührgerät verrühren. Bei laufendem Motor etwa ein Drittel des Öls in einem sehr dünnen Strahl dazugießen. Wenn die Masse dicklich wird, das restliche Öl etwas schneller zugießen. Den Safran samt Einweichwasser einarbeiten. Mit Salz und Pfeffer abschmecken. Bis zum Gebrauch abgedeckt im Kühlschrank aufbewahren.

2 Hummerfleisch und Avocadowürfel in eine Schüssel geben. Die Tomaten vierteln und entkernen. Das Fruchtfleisch grob würfeln und in die Schüssel geben. Salzen und pfeffern. So viel Mayonnaise unterheben, dass alle Salatzutaten dünn damit überzogen sind.

3 Die Salatblätter mit Olivenöl und Zitronensaft anmachen. Auf 4 Servierteller verteilen und den Hummersalat darauf anrichten.

4

Getreide & Hülsenfrüchte

Es gibt keine bessere Quelle für Ballaststoffe oder Energie liefernde Kohlenhydrate als Getreide und Hülsenfrüchte. Die große Bandbreite an Texturen und Aromen machen sie nicht nur zu köstlichen Beilagen, sondern auch zur perfekten Grundlage für Dips oder Einlagen für Suppen und Eintöpfe.

(V) Für Vegetarier geeignet

(D) Geeignete Diätkost

(S) Für Schwangere geeignet

(K) Für Kinder über 5 Jahre geeignet

(E) Einfach und schnell

62

NATURREIS

Die Ballaststoffe in Naturreis helfen, die Cholesterinwerte im Blut zu senken und den Blutzuckerspiegel zu regulieren.

Während bei weißem Reis außer Stärke fast alle Nährstoffe abgeschliffen werden, bleiben bei braunem Naturreis die wertvollen Substanzen erhalten. Regelmäßiger Verzehr von Naturreis trägt zur Vorbeugung von Herzerkrankungen, Diabetes und einigen Krebsarten bei. Naturreis liefert viele Ballaststoffe, die zur Verringerung des Cholesterinspiegels im Blut führen und den Blutzuckerspiegel stabil halten. Er enthält auch einige Eiweiße und ist eine gute Quelle für B-Vitamine, Mineralien, vor allem für Selen und Magnesium.

- Eines der am wenigsten allergenen Nahrungsmittel.
- Relativ niedriger glykämischer Index, der die Regulierung des Blutzuckerspiegels unterstützt und so auch hilfreich für Diabetiker ist.
- Enthält B-Vitamine, die an sämtlichen Stoffwechselprozessen beteiligt und wichtig für das Nervensystem sind.
- Hoher Selengehalt trägt zum Schutz vor Krebs bei; Magnesium ist essenziell für die Herztätigkeit.

Praktische Tipps:
Lagern Sie Reis an einem kühlen, dunklen Ort. Dort hält er sich einige Monate, jedoch nicht so lange wie weißer Reis, da er Fett enthält, das mit der Zeit ranzig werden kann. Je länger roher Reis aufbewahrt wird, desto länger kann auch die Garzeit werden. Übrig gebliebener gekochter Reis hält sich 1–2 Tage im Kühlschrank, wenn er schnell heruntergekühlt wird, und kann für andere Gerichte wieder erhitzt oder als Salatgrundlage verwendet werden.

SCHON GEWUSST?

90 Prozent der weltweiten Reisernte werden in Asien angebaut und konsumiert.

DIE WICHTIGSTEN NÄHRSTOFFE PRO 60 G NATURREIS

Kalorien (kcal)	222
Fett	1,8 g
Eiweiß	5 g
Kohlenhydrate	46 g
Ballaststoffe	3,6 g
Vitamin B1	0,2 mg
Vitamin B3	3 mg
Vitamin B6	0,3 mg
Selen	19,6 µg
Magnesium	86 mg
Eisen	0,8 mg
Zink	1,3 g
Calcium	20 mg

Gemüse-Pilaw

FÜR 4 PERSONEN (V) (D) (S) (K) (E)

4 EL Rapsöl
1 rote Zwiebel, fein gehackt
2 junge Selleriestangen, mit Grün, längs geviertelt und gewürfelt
2 Karotten, geraspelt
1 frische grüne Chili, entkernt und fein gehackt
3 Frühlingszwiebeln, fein gehackt
30 g Mandelstifte
320 g gekochter brauner Basmatireis
100 g gekochte rote Linsen
180 ml Gemüsebrühe
5 EL frisch gepresster Orangensaft
Salz und Pfeffer
frisches Selleriegrün, zum Garnieren (nach Belieben)

Zubereitung

1 2 Esslöffel Öl in einer hohen Pfanne mit Deckel erhitzen. Die Zwiebel darin bei mittlerer Hitze 5 Minuten weich dünsten.

2 Sellerie, Karotten, Chili, Frühlingszwiebeln und Mandeln zufügen und unter Rühren 2 Minuten anbraten, bis das Gemüse knackig gar ist. In eine Schüssel füllen.

3 Das restliche Öl in der Pfanne erhitzen. Reis und Linsen darin bei mittlerer bis starker Hitze unter Rühren 1–2 Minuten erhitzen. Die Hitze reduzieren und Brühe und Orangensaft zugießen. Mit Salz und Pfeffer würzen.

4 Das Gemüse wieder in die Pfanne geben und mit Reis und Linsen mischen, bis es wieder heiß ist. In eine vorgewärmte Servierschüssel füllen, falls verwendet, mit Selleriegrün garnieren und sofort servieren.

63 KICHERERBSEN

Diese blassgelben Hülsenfrüchte sind eine ausgezeichnete, günstige Eiweißquelle, reich an Ballaststoffen, Vitamin E und wertvollen sekundären Pflanzenstoffen.

Kichererbsen sind ein guter Eiweißlieferant für Vegetarier und besitzen sehr wertvolle Ballaststoffe. Die nicht löslichen pflanzlichen Fasern, die Cholesterin binden und aus dem Körper führen, erhöhen nicht nur die Stuhlmenge und verhindern Verstopfungen, sondern sind auch wirksam zur Vermeidung von anderen Verdauungsbeschwerden wie Reizdarm und Divertikulitis. Die löslichen Faserstoffe regulieren und senken den Cholesterinspiegel im Blut und wirken hilfreich bei der Prävention von Schlaganfällen und Herzerkrankungen. In Kichererbsen steckt reichlich Folsäure, die bedeutsam für die Senkung des Homocysteinwertes im Blut ist, der als Risikofaktor für Herz-Kreislauf-Erkrankungen gilt. Kichererbsen enthalten auch viel Magnesium, das Gefäßwände und Herz gesund hält.

- Enthalten recht viel Folsäure und Zink.
- Enthalten größere Mengen an Eisen, Magnesium und Calcium.
- Reich an Kalium, das mit seiner entwässernden Wirkung eine Rolle beim Flüssigkeitshaushalt des Körpers spielt.
- Reich an sekundären Pflanzenstoffen, die Herz- und Krebserkrankungen vorbeugen.

Praktische Tipps:
Getrocknete Kichererbsen müssen erst einige Stunden in Wasser eingeweicht und dann mindestens 1½ Stunden gekocht werden. Eine schnellere Alternative sind Kichererbsen aus der Dose, bei denen die wichtigen Nährstoffe erhalten sind.

SCHON GEWUSST?

Aus gekochten Kichererbsen gemahlenes Mehl wird in der orientalischen und indischen Küche verwendet. In vielen Rezepten, z. B. für Fladenbrote, ersetzt es das Weizenmehl.

DIE WICHTIGSTEN NÄHRSTOFFE PRO 60 G KICHERERBSEN

Kalorien (kcal)	218
Fett	3,5 g
Eiweiß	12 g
Kohlenhydrate	37 g
Ballaststoffe	10,3 g
Folsäure	232 µg
Magnesium	65 mg
Kalium	393 mg
Zink	2 g
Calcium	66 mg
Eisen	3,9 mg

Kichererbsensuppe

FÜR 6 PERSONEN (V) (D) (S) (K)

500 g getrocknete Kichererbsen, über Nacht in kaltem Wasser eingeweicht
Salz und Pfeffer
2 EL Olivenöl
1 Zwiebel, fein gehackt
2 Knoblauchzehen, fein gehackt
450 g Mangold, in feine Streifen geschnitten
2 frische Zweige Rosmarin
400 g gehackte Tomaten aus der Dose
Baguette, zum Servieren

Zubereitung

1 Die Kichererbsen abtropfen lassen und in einen großen Topf geben. Mit frischem kaltem Wasser bedecken und zum Kochen bringen. Dabei nach oben steigenden Schaum abschöpfen. Die Hitze reduzieren und die Erbsen ohne Deckel 1–1¼ Stunden gar kochen. Falls nötig, mit heißem Wasser auffüllen.

2 Den Kochsud in eine Schüssel abgießen. Die Kichererbsen gut salzen und pfeffern. Zwei Drittel im Mixer oder mit dem Stabmixer mit etwas Kochsud glatt pürieren. Dann so viel Kochwasser nachgießen, dass die Masse eine suppenartige Konsistenz erhält. Wieder in den Topf füllen.

3 Das Öl in einem anderen Topf erhitzen. Zwiebel und Knoblauch darin bei mittlerer Hitze unter Rühren 3–4 Minuten weich dünsten. Mangold und Rosmarin zufügen und ebenfalls 3–4 Minuten garen. Tomaten und restliche Kichererbsen zugeben und weitere 5 Minuten garen, bis die Tomaten fast zerkocht sind. Die Rosmarinzweige entfernen.

4 Mangold-Tomaten-Mischung in die Kichererbsenmasse rühren und 2–3 Minuten köcheln lassen. Mit Salz und Pfeffer abschmecken. In vorgewärmte Suppenschalen füllen und mit Baguette servieren.

64 SCHWARZE BOHNEN

Diese Bohnen sind eine ideale Nahrungsbeigabe, denn sie enthalten viele Nährstoffe und cholesterinsenkende Ballaststoffe, sehr wenig Fett und gesättigte Fettsäuren.

Ihr Nährwertprofil zeigt einen hohen Anteil an unverdaulichen Pflanzenfasern, also nicht löslichen Ballaststoffen, die cholesterinsenkend wirken. Ihr extrem hoher Magnesiumgehalt macht sie zu einem vorzüglichen Nahrungsmittel für Menschen, die zur Risikogruppe für Herzerkrankungen gehören; eine optimale Magnesiumzufuhr wird in Zusammenhang mit einem reduzierten Risiko für diverse Herzprobleme gebracht. Schwarze Bohnen enthalten zudem große Mengen an antioxidativ wirkenden Anthocyanen, Flavonoiden, welche die Entwicklung von Krebszellen und Blutgerinnseln hemmen können. Je dunkler die Bohnen sind, desto mehr Antioxidantien enthalten sie. Außerdem liefern sie viele essenzielle Mineralien und Folsäure.

- Hoher Ballaststoffanteil ist wirksam zur Vorbeugung von Krebs und zur Reduzierung des Cholesterins.
- Reich an Antioxidantien, die das Tumorzellenwachstum hemmen.
- Enthalten Folsäure für gesundes Blut und fötale Entwicklung.
- Sehr gute Quelle für pflanzliches Eiweiß.

Praktische Tipps:
Schwarze Bohnen sind entweder getrocknet oder gegart in Dosen erhältlich. Konservenware sollte vor der Weiterverarbeitung gründlich abgespült werden. Das Einweichen getrockneter Bohnen reduziert die darin vorhandenen schwer verdaulichen Mehrfachzucker (Oligosaccharide) wie Raffinose, die für die blähende Wirkung der Bohnen verantwortlich sind.

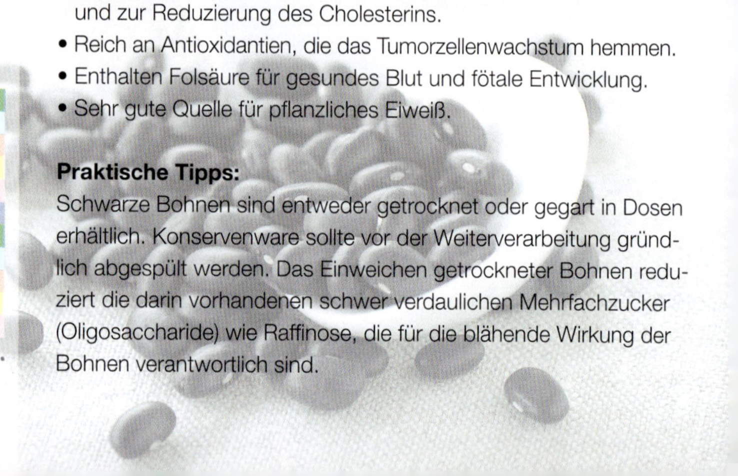

SCHON GEWUSST?

Schwarze Bohnen stammen aus Südamerika. Sie gelangten mit den spanischen Eroberern im 16. Jahrhundert nach Europa. Heute sind sie auf dem ganzen Globus verbreitet und beliebt.

DIE WICHTIGSTEN NÄHRSTOFFE PRO 60 G SCHWARZE BOHNEN

Kalorien (kcal)	205
Fett	0,8 g
Eiweiß	13,7 g
Kohlenhydrate	36,7 g
Ballaststoffe	13,5 g
Folsäure	231 µg
Vitamin B1	0,4 mg
Magnesium	109 mg
Kalium	550 mg
Zink	1,7 g
Calcium	42 mg

Schwarze-Bohnen-Sauce

ERGIBT ETWA 180 ML (V) (D) (K) (E)

1 EL Erdnussöl
2 EL fermentierte schwarze Bohnen, fein gehackt
1 Knoblauchzehe, gehackt
1 EL frisch geriebener Ingwer
1 Schalotte, gehackt
2 Frühlingszwiebeln, fein gehackt
2 kleine, frische grüne Chillies, entkernt und gehackt
1 EL helle Sojasauce
1 EL frisch gepresster Zitronensaft
180 ml Gemüsebrühe
1–2 TL Feinstzucker (nach Belieben)
Salz und Pfeffer

Zubereitung

1 Einen Wok auf hoher Stufe 30 Sekunden erhitzen. Das Öl darin durch Schwenken verteilen und 30 Sekunden erhitzen. Bohnen, Knoblauch, Ingwer und Schalotte darin unter Rühren 2 Minuten anbraten.

2 Frühlingszwiebeln und Chillies zugeben und 3 Minuten pfannenrühren. Sojasauce und Zitronensaft zufügen und 2 Minuten köcheln lassen. Mit der Brühe ablöschen. Mit Zucker, Salz und Pfeffer abschmecken und weitere 2 Minuten köcheln lassen. In eine Servierschale füllen und servieren.

65 WEISSE BOHNEN

Diese Hülsenfrüchte, auch häufig als Cannellini-Bohnen im Handel zu finden, enthalten viele Ballaststoffe, Mineralien und B-Vitamine.

Weiße Bohnen sind sehr ballaststoffreich. Die löslichen pflanzlichen Fasern helfen, das Cholesterin zu senken, und verhindern, dass der Blutzuckerspiegel nach einer Mahlzeit zu schnell ansteigt, weshalb sich diese Bohnen als Nahrungsmittel für Diabetiker und Menschen mit Insulinresistenz oder Hypoglykämie (Unterzucker) empfehlen. Die nicht löslichen Faserstoffe beugen Verstopfungen vor und reduzieren die Schwere und Symptome von Verdauungsbeschwerden wie Reizdarm oder Divertikulitis. Weiße Bohnen liefern reichlich Eiweiß und gehören zu den Hülsenfrüchten mit dem höchsten Calciumgehalt: Eine Portion deckt ein Achtel der empfohlenen Tagesration. Darüber hinaus enthalten sie viel Magnesium, Kalium, Eisen und Zink sowie B-Vitamine und Folsäure.

- Reich an löslichen Ballaststoffen, die cholesterinsenkend wirken und vor Herz-Kreislauf-Erkrankungen schützen.
- Nicht lösliche Ballaststoffe regen die Verdauung an.
- Guter Calciumlieferant für ein gesundes Herz und stabile Knochen.
- Reich an antioxidativen Mineralien wie Zink zur Krankheitsabwehr.

Praktische Tipps:
Weichen Sie die Bohnen über Nacht in Wasser ein, und kochen Sie sie anschließend 10 Minuten in frischem Wasser, dann lassen Sie sie bei kleinerer Hitze 1½ Stunden köcheln, bis sie weich sind. Gekochte Bohnen können mit Olivenöl, Salz und Pfeffer püriert anstelle von Kartoffelpüree serviert werden.

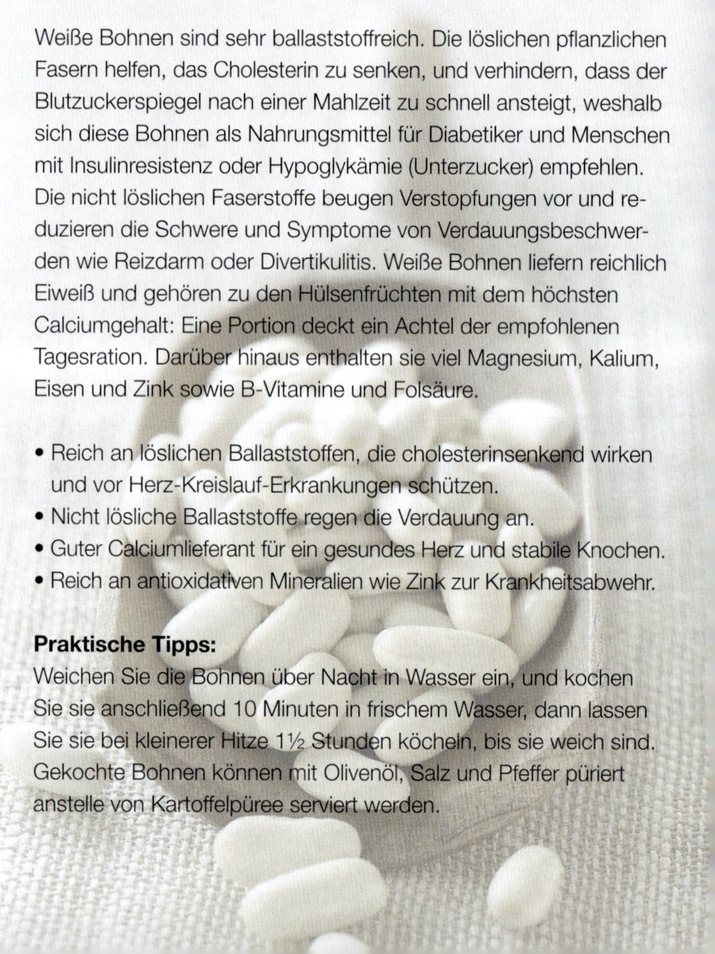

SCHON GEWUSST?

Getrocknete Bohnen sollten erst kurz vor Ende der Garzeit gesalzen werden, sonst werden die Bohnen hart.

DIE WICHTIGSTEN NÄHRSTOFFE PRO 60 G WEISSE BOHNEN

Kalorien (kcal)	200
Fett	12 g
Eiweiß	0,9 g
Kohlenhydrate	37,8 g
Ballaststoffe	15 g
Folsäure	203 µg
Vitamin B1	0,35 mg
Vitamin B3	0,95 mg
Magnesium	77 mg
Kalium	564 mg
Zink	1,5 g
Calcium	100 mg
Eisen	3,4 mg

Bunter Bohnensalat

FÜR 4 PERSONEN (V) (D) (S) (K) (E)

120 g getrocknete weiße Bohnen, über Nacht in kaltem Wasser eingeweicht
225 g grüne Bohnen
¼ rote Zwiebel, in feinen Streifen
12 entsteinte schwarze Oliven
1 EL frisch gehackter Schnittlauch

Vinaigrette
½ EL Zitronensaft
½ TL Dijon-Senf
6 EL natives Olivenöl extra
Salz und Pfeffer

Zubereitung

1 Die Bohnen abtropfen lassen und in einen Topf geben. Mit frischem Wasser bedecken, zum Kochen bringen und 15 Minuten kochen. Dann die Hitze reduzieren und bei geschlossenem Deckel 30 Minuten köcheln lassen, bis die Bohnen gar sind, aber noch nicht auseinanderfallen. Erst 5 Minuten vor Ende der Garzeit salzen. Die Bohnen gut abtropfen lassen.

2 Währenddessen die grünen Bohnen in einem großen Topf mit kochendem Wasser 12 Minuten kochen, bis sie knackig gar sind. Gut abtropfen lassen.

3 Für die Vinaigrette Zitronensaft, Senf und Öl in einer Schale verrühren. Mit Salz und Pfeffer abschmecken.

4 Die lauwarmen Bohnen in einer Servierschüssel mischen oder auf 4 Serviertellern verteilen. Zwiebel, Oliven und Schnittlauch darauf verteilen.

5 Die Vinaigrette nochmals verrühren und über den Salat träufeln. Zimmerwarm servieren.

66 KIDNEY-BOHNEN

Die roten Bohnen sind ein ausgezeichneter Lieferant für Eisen, hochwertige Eiweiße, Zink und Ballaststoffe. Außerdem enthalten sie blutverdünnende Wirkstoffe.

Kidney-Bohnen sind für Vegetarier überaus wertvoll, da sie voller hochwertiger Eiweiße und Mineralien stecken. Eine durchschnittliche Portion enthält mindestens ein Viertel des täglichen Bedarfs an Eisen, das elementar für die Blutbildung und den Energiestoffwechsel ist. Der hohe Zinkgehalt regt das Immunsystem an und erhöht die Fruchtbarkeit. Der große Anteil an nicht löslichen Ballaststoffen stellt einen Schutz gegen Darmkrebs dar, während der Gesamtballaststoffanteil Diabetikern oder Personen mit Insulinresistenz bei der Regulierung des Blutzuckerspiegels hilft.

- Ausgezeichnete Eiweiß-, Eisen- und Calciumquelle für Vegetarier.
- Sehr hoher Anteil an Ballaststoffen, die regulierend bei der Insulinausschüttung und länger sättigend wirken – eine gute Wahl für Diätkost.
- Schützen vor Darmkrebs.
- Extrem hoher Anteil an Kalium, das entwässernd wirkt und bei der Senkung von Bluthochdruck helfen kann.

Praktische Tipps:
Ernährungsphysiologisch gibt es kaum einen Unterschied zwischen getrockneten Bohnen oder Konservenware. Wenn Sie also Zeit sparen wollen, greifen Sie getrost zur Dose. Rote Kidney-Bohnen werden oft zu Fleischgerichten wie Chili con Carne gegeben oder für einen bunten Bohnensalat verwendet. Püriert mit etwas Öl und Zitronensaft ergeben sie einen köstlichen Brotaufstrich oder Dip.

SCHON GEWUSST?

Kidney-Bohnen sind roh ungenießbar: Sie beinhalten größere Mengen potenziell toxischer Substanzen, die Magenbeschwerden, Erbrechen und Durchfall hervorrufen können. Durch Hitzezufuhr werden diese Toxine unschädlich gemacht.

DIE WICHTIGSTEN NÄHRSTOFFE PRO 60 G KIDNEYBOHNEN

Kalorien (kcal)	200
Fett	0,8 g
Eiweiß	13,7 g
Kohlenhydrate	36 g
Ballaststoffe	10 g
Folsäure	205 µg
Vitamin B1	0,25 mg
Vitamin B3	0,9 mg
Magnesium	66 mg
Kalium	640 mg
Zink	1,6 g
Calcium	55 mg
Eisen	3,5 mg

Vegetarischer Bohnentopf

FÜR 6 PERSONEN (V) (D) (S) (K)

4 EL Olivenöl
225 g kleine Champignons
1 große Zwiebel, gehackt
1 Knoblauchzehe, gehackt
1 grüne Paprika, in Streifen geschnitten
je 1 TL Paprikapulver, gemahlener Koriander und gemahlener Kreuzkümmel
¼–½ TL Chilipulver
400 g gehackte Tomaten aus der Dose
170 ml Gemüsebrühe
1 EL Tomatenmark
400 g Kidney-Bohnen aus der Dose, abgespült und abgetropft
Salz und Pfeffer
2 EL frisch gehackter Koriander, zum Garnieren

Zum Servieren
gekochter Reis
saure Sahne

Zubereitung

1. 1 Esslöffel Öl in einer großen Pfanne erhitzen. Die Pilze darin goldbraun anbraten. Mit einem Schaumlöffel auf einen Teller heben.
2. Das restliche Öl in die Pfanne geben. Zwiebel, Knoblauch und Paprika darin 5 Minuten unter Rühren anbraten. Paprikapulver, Koriander, Kreuzkümmel und Chilipulver zufügen und 1 Minute garen.
3. Tomaten, Brühe und Tomatenmark gut unterrühren und bei geschlossenem Deckel 20 Minuten köcheln lassen.
4. Die Pilze mit den Bohnen in die Tomatensauce geben und bei geschlossenem Deckel weitere 20 Minuten garen. Mit Salz und Pfeffer abschmecken. Mit frischem Koriander garnieren und mit Reis und saurer Sahne sofort servieren.

67 LINSEN

Die kleinen, flachen Hülsenfrüchte enthalten sehr viele krebshemmende Isoflavone und Lignane, wenig Fett und wenig gesättigte Fettsäuren.

Linsen gibt es in unterschiedlichen Größen und Farben, wobei grüne und braune Linsen die meisten Nähr- und Ballaststoffe enthalten. Sie liefern sowohl lösliche als auch unlösliche Faserstoffe, die zum Schutz vor diversen Krebsarten und Herz-Kreislauf-Erkrankungen dienen können. Sie enthalten sekundäre Pflanzenstoffe wie Isoflavone, die ebenfalls vor Krebs- und Herzkranzgefäßerkrankungen schützen können, und Lignane – Substanzen mit schwach östrogenähnlicher Wirkung, die das Krebsrisiko senken, PMS abschwächen und vor Osteoporose schützen können. In Linsen stecken zudem viele B-Vitamine, Folsäure und Mineralstoffe, insbesondere Eisen und Zink.

- Ballaststoffreich zum Schutz vor Herz-Kreislauf- und Krebserkrankungen.
- Enthalten viel Eisen, das für die Blutbildung und den Energiestoffwechsel benötigt wird.
- Enthalten sekundäre Pflanzenstoffe, die PMS lindern und die Knochen stärken.
- Reich an Zink, das das Immunsystem unterstützt.

Praktische Tipps:
Linsen gehören zu den wenigen Hülsenfrüchten, die vor dem Garen nicht unbedingt eingeweicht werden müssen, da sie, je nach Sorte, in 30–50 Minuten gar gekocht sind. Mit Karotten, Sellerie und Zwiebeln in Brühe gekocht ergeben sie eine schnelle Suppe. Linsen aus der Dose enthalten fast ebenso viele Nährstoffe wie getrocknete.

SCHON GEWUSST?

Linsen zählen zu den ältesten angebauten Nahrungsmitteln. Dies konnte durch 8000 Jahre alte Samen belegt werden, die man im Nahen Osten fand.

DIE WICHTIGSTEN NÄHRSTOFFE IN 60 G GETROCKNETEN GRÜNEN/BRAUNEN LINSEN

Kalorien (kcal)	212
Fett	0,6 g
Eiweiß	15,5 g
Kohlenhydrate	36 g
Ballaststoffe	18 g
Folsäure	287 µg
Vitamin B1	0,5 mg
Vitamin B3	1,6 mg
Vitamin B6	0,3 mg
Magnesium	73 mg
Kalium	573 mg
Zink	2,9 g
Calcium	34 mg
Eisen	4,5 mg

Pikant gewürzte Linsen

FÜR 4 PERSONEN (V) (D) (S) (K) (E)

150 g rote Linsen
150 g geschälte gespaltene Mungbohnen
875 ml heißes Wasser
1 TL Kurkuma
1 TL Salz
1 EL Zitronensaft
2 EL Olivenöl
¼ TL schwarze Senfkörner
¼ TL Kreuzkümmelsamen
¼ TL Schwarzkümmelsamen
¼ TL Fenchelsamen
4–5 Bockshornkleesamen
2–3 getrocknete rote Chillies
Fladenbrot, zum Servieren

Zum Garnieren

1 kleine Tomate, entkernt und in feine Streifen geschnitten
frischer Koriander

Zubereitung

1 Linsen und Bohnen unter fließend kaltem Wasser abspülen, bis das Wasser klar bleibt. Die Hülsenfrüchte mit dem heißen Wasser in einen Topf geben und zum Kochen bringen. Die Hitze etwas reduzieren und 5–6 Minuten köcheln lassen. Wenn sich kein Schaum mehr bildet, die Kurkuma zufügen. Die Hitze auf kleine Stufe reduzieren und die Hülsenfrüchte abgedeckt 20 Minuten garen. Salz und Zitronensaft zufügen und alles mit einem Schneebesen gut verrühren. Falls der Brei zu dick wird, noch etwas Wasser einarbeiten.

2 Das Öl in einem Topf auf mittlerer Stufe erhitzen. Die Senfkörner darin anbraten, bis sie zu springen beginnen. Dann sofort die Hitze auf kleine Stufe reduzieren und alle Samen sowie die Chillies zufügen und anbraten, bis die Samen zu springen beginnen und die Chillies schwarz werden.

3 Den Linsenbrei in eine Servierschale füllen und die Gewürzmischung darübergeben. Mit Tomatenstreifen und Koriander garnieren und sofort mit Fladenbrot servieren.

68 SPALTERBSEN

Spalterbsen sind reich an cholesterinsenkenden löslichen Ballaststoffen und enthalten Daidzein, einen sekundären Pflanzenstoff mit brustkrebshemmender Wirkung.

Getrocknete Spalterbsen besitzen wie alle Hülsenfrüchte viele lösliche Ballaststoffe. Diese bilden eine gallertartige Substanz im Verdauungstrakt, die cholesterinhaltige Gallensäure bindet und aus dem Körper führt. Spalterbsen liefern auch ein Isoflavon namens Daidzein, einen östrogenartigen Pflanzenstoff, dessen Zufuhr mit einem verminderten Risiko für bestimmte Krankheiten, wie beispielsweise Brust- und Prostatakrebs, in Verbindung steht. Spalterbsen sind besonders reich an Kalium, das den Blutdruck senken hilft, den Wasserhaushalt im Körper unterstützt und helfen kann, potenziell gefährliche Ablagerungen in den Blutgefäßen zu unterbinden.

- Enthalten eine große Menge lösliche Ballaststoffe, die zur Senkung des LDL-Cholesterin beitragen.
- Liefern Daidzein, einen Pflanzenstoff, der das Risiko für hormonbedingte Krebsarten hemmt.
- Sehr hoher Kaliumgehalt für eine gute Herztätigkeit.
- Ausgezeichneter Lieferant für pflanzliches Eiweiß.

Praktische Tipps:
Wie Linsen auch müssen Spalterbsen vor dem Garen nicht eingeweicht werden; sie sind in etwa 30–40 Minuten gar gekocht. Gegarte Spalterbsen können püriert und als gesündere Alternative zu Kartoffelpüree oder mit etwas Öl und Gewürzen als Dip serviert werden.

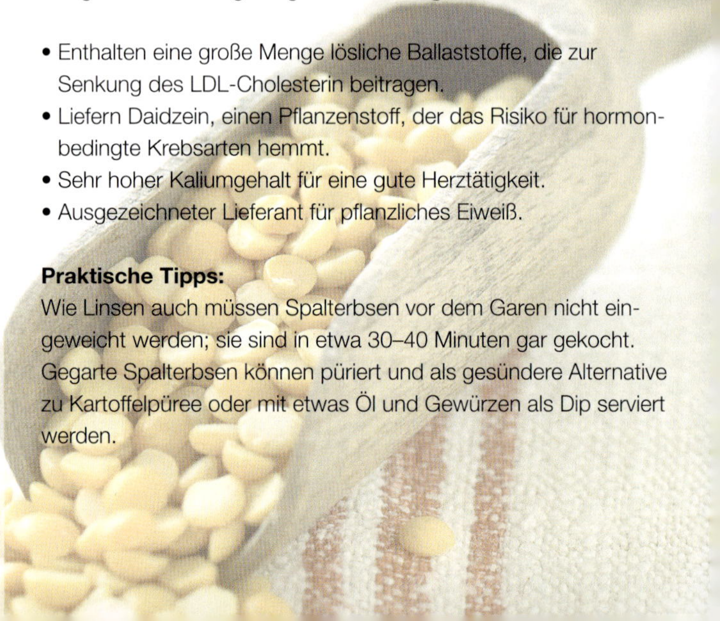

SCHON GEWUSST?

Grüne Spalterbsen sind frische Erbsen, die in der Hülse getrocknet werden. Dabei spalten sich die Erbsen auf natürlichem Weg. Früher wurden Erbsen immer getrocknet, erst im Mittelalter ging man dazu über, Erbsen auch frisch zuzubereiten.

DIE WICHTIGSTEN NÄHRSTOFFE PRO 60 G SPALTERBSEN

Kalorien (kcal)	205
Fett	0,7 g
Eiweiß	14,5 g
Kohlenhydrate	36 g
Ballaststoffe	15 g
Folsäure	164 µg
Vitamin B1	0,4 mg
Vitamin B3	1,7 mg
Magnesium	69 mg
Kalium	589 mg
Zink	1,8 g
Calcium	33 mg
Eisen	2,6 mg
Betacarotin	53 µg

Erbsensuppe mit Speck

FÜR 6–8 PERSONEN (D) (S) (K)

500 g grüne Spalterbsen
1 EL Olivenöl
1 große Zwiebel, fein gehackt
1 große Karotte, klein gewürfelt
1 Selleriestange, klein gewürfelt
1 l Hühner- oder Gemüsebrühe
1 l Wasser
225 g magerer ungeräucherter Speck, klein gewürfelt
¼ TL getrockneter Thymian
¼ TL getrockneter Majoran
1 Lorbeerblatt
Salz und Pfeffer

Zubereitung

1 Die Erbsen unter fließend kaltem Wasser abspülen. In einem Topf mit reichlich Wasser bedecken, zum Kochen bringen und 3 Minuten kochen; dabei den Schaum von der Oberfläche abschöpfen. Die Erbsen abtropfen lassen.

2 Das Öl in einem großen Topf erhitzen. Die Zwiebel darin bei mittlerer Hitze 3–4 Minuten weich dünsten.

3 Karotte und Sellerie zufügen und 2 Minuten garen. Die Erbsen zugeben. Mit Brühe und Wasser ablöschen. Einmal kurz aufkochen, dann den Speck in die Suppe rühren.

4 Thymian, Majoran und Lorbeerblatt zufügen. Die Hitze reduzieren und bei geschlossenem Deckel 1–1½ Stunden köcheln lassen, bis die Suppeneinlagen sehr weich sind. Das Lorbeerblatt entfernen. Mit Salz und Pfeffer abschmecken. In vorgewärmte Suppenschalen füllen und sofort servieren.

69

GERSTE

Dieses extrem nährstoffreiche, stärkehaltige Getreide enthält lösliche Ballaststoffe, die für eine Senkung des LDL-Cholesterinspiegels sorgen.

Gerste hat ein volles, leicht nussiges Aroma und eine weiche Textur. Sie wird zumeist als Perlgraupen verkauft, die durch ihre Behandlung allerdings fast alle Nähr- und Ballaststoffe eingebüßt haben, während Rollgerste nur minimal behandelt wird und deshalb noch viele Nährstoffe liefert. Hervorzuheben sind hierbei der hohe Anteil an Ballaststoffen und des Pflanzenstoffes Lignan, der hormonbedingten Krebsarten wie Brustkrebs sowie Herzerkrankungen vorbeugen kann. Ungewöhnlich für Getreide enthält Gerste auch Lutein und Zeaxanthin, die für gesunde Augen mitverantwortlich sind.

- Vollwertgetreide, das vor Krebs- und Herzerkrankungen schützt.
- Gute Quelle für Mineralien und B-Vitamine.
- Hoher Anteil an nicht löslichen Ballaststoffen für eine geregelte Verdauung und löslichen Faserstoffen zur Senkung des Cholesterinspiegels.
- Wichtig für die Augengesundheit.

Praktische Tipps:
Gerste muss bis zu 2 Stunden in Wasser gekocht werden; vorheriges mehrstündiges Einweichen verkürzt aber die Garzeit. Aufgrund des Fettgehalts wird Gerste nach relativ kurzer Zeit ranzig, insbesondere wenn sie an einem warmen, hellen Ort aufbewahrt und nicht, wie empfohlen, an einem kühlen, trockenen, dunklen Platz in einem luftdichten Behälter gelagert wird. Rollgerste sollte in jedem Fall innerhalb von 2–3 Monaten aufgebraucht werden.

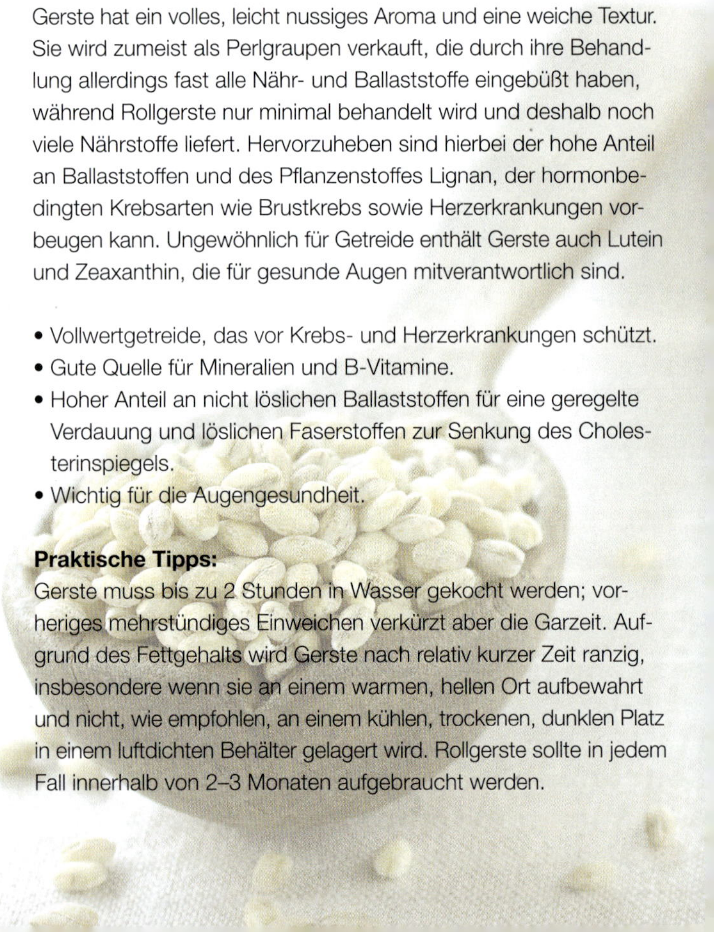

SCHON GEWUSST?
Gerstenwasser, hergestellt aus in Wasser eingeweichten Gerstenkörnern, gilt als Gesundheitsgetränk mit nierenspülender Wirkung.

DIE WICHTIGSTEN NÄHRSTOFFE PRO 60 G GERSTE

Kalorien (kcal)	212
Fett	1,4 g
Eiweiß	7,5 g
Kohlenhydrate	44 g
Ballaststoffe	10,4 g
Vitamin B1	0,4 mg
Vitamin B3	2,8 mg
Selen	22,5 µg
Magnesium	80 mg
Kalium	271 mg
Zink	1,7 g
Calcium	20 mg
Eisen	2,2 mg
Lutein/Zeaxanthin	96 µg

Herzhafte Graupensuppe

FÜR 4–6 PERSONEN (V) (D) (S) (K)

2 EL Rapsöl
1 Zwiebel, fein gehackt
1 Selleriestange, fein gehackt
1 Knoblauchzehe, zerdrückt
1,5 l Gemüsebrühe oder Wasser
80 g Rollgerste, abgespült
1 Bouquet garni aus 1 Lorbeerblatt, frischen Thymianzweigen und Petersilienstängeln
2 Karotten, gewürfelt
400 g gehackte Tomaten aus der Dose
1 Prise Zucker
½ Wirsing, in feine Streifen geschnitten
Salz und Pfeffer
2 EL frisch gehackte Petersilie, zum Garnieren
Vollkornbrot, zum Servieren

Zubereitung

1 Das Öl in einem großen Topf erhitzen. Zwiebel, Sellerie und Knoblauch darin bei mittlerer Hitze 5–7 Minuten weich dünsten.

2 Mit der Brühe ablöschen und zum Kochen bringen. Dabei den Schaum von der Oberfläche abschöpfen. Gerste und Bouquet garni zufügen, die Hitze auf kleine Stufe stellen und alles abgedeckt 30–60 Minuten garen, bis das Getreide weich zu werden beginnt.

3 Karotten, Tomaten samt Saft sowie Zucker zufügen. Rasch zum Kochen bringen, dann die Hitze auf kleine Stufe reduzieren und bei geschlossenem Deckel weitere 30 Minuten garen, bis Gerste und Karotten weich sind.

4 Das Bouquet garni entfernen. Die Wirsingstreifen unterrühren und den Eintopf mit Salz und Pfeffer würzen. 10–15 Minuten köcheln lassen, bis die Kohlstreifen zusammenfallen. In vorgewärmte Suppenschalen füllen und mit Petersilie garnieren. Sofort mit Vollkornbrot servieren.

70 HAFER-FLOCKEN

Haferflocken enthalten viele lösliche Ballaststoffe und gesunde Fettsäuren. Sie sind überaus sättigend, wirken cholesterinsenkend und blutzuckerregulierend.

Haferflocken enthalten große Mengen von dem löslichen Ballaststoff Beta-Glucan. Sie helfen erwiesenermaßen, den LDL-Cholesterinwert zu senken und den HDL-Wert zu erhöhen, fördern ein gesundes Kreislaufsystem und tragen zur Vorbeugung von Herzanfällen bei. In Haferflocken sind eine Reihe von Antioxidantien und sekundären Pflanzenstoffen zu finden, die Herz und Arterien gesund halten, wie Avenanthramide (sekundäre Pflanzenstoffe mit antibiotischen Eigenschaften), Saponine und Vitamin E, oder Polyphenole, die das Wachstum von Tumorzellen hemmen können. Die Getreideflocken haben einen relativ niedrigen glykämischen Index, was sie für Diabetiker und Menschen mit Insulinresistenz geeignet macht.

- Eines der besten Getreideprodukte zur Gesunderhaltung von Herz und Blutgefäßen.
- Enthalten sekundäre Pflanzenstoffe, die zur Reduzierung des Krebsrisikos beitragen.
- Niedrigerer glykämischer Index als viele andere Getreidearten.
- Gute Quelle für eine Reihe von Vitaminen und Mineralien, darunter B-Vitamine, Vitamin E, Magnesium, Calcium und Eisen.

Praktische Tipps:
Haferflocken sollten in einem luftdichten Behälter an einem kühlen, trockenen, dunklen Ort aufbewahrt und innerhalb von 2–3 Wochen aufgebraucht werden, da sie wegen ihres Fettgehalts relativ schnell verderben können. Hafermehl kann teilweise Weizenmehl ersetzen.

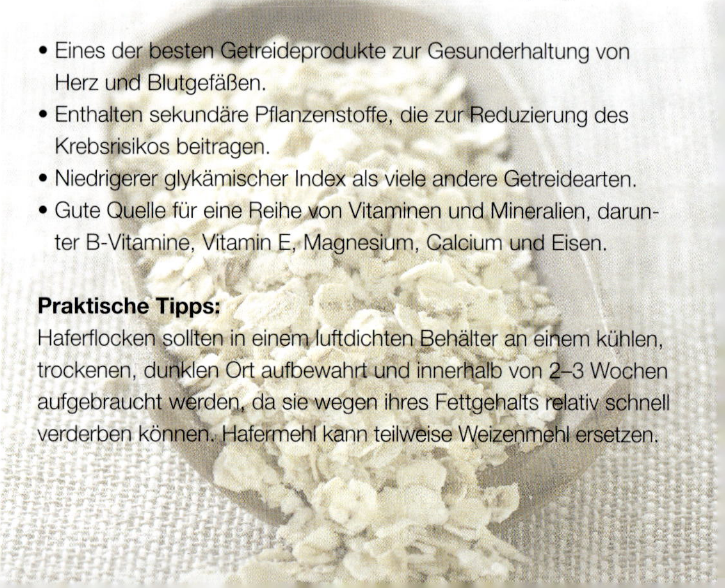

SCHON GEWUSST?

Zwar sind Haferflocken glutenhaltig, doch viele Menschen mit Glutenallergie vertragen Haferflocken erstaunlich gut, insbesondere wenn der tägliche Verzehr unter 100 g liegt. Dies sollte allerdings vorher mit dem behandelnden Arzt abgeklärt werden.

DIE WICHTIGSTEN NÄHRSTOFFE PRO 60 G HAFERFLOCKEN

Kalorien (kcal)	233
Fett	4 g
Eiweiß	10 g
Kohlenhydrate	40 g
Ballaststoffe	6,4 g
Folsäure	34 µg
Vitamin B1	0,5 mg
Vitamin B3	0,6 mg
Vitamin E	1,5 mg
Magnesium	106 mg
Kalium	257 mg
Zink	2,4 g
Calcium	32 mg
Eisen	2,8 mg

Haferriegel

ERGIBT 16 STÜCK (V) (K)

170 g fettarme Margarine, plus etwas mehr zum Einfetten
3 EL Honig
150 g Rohrohrzucker
120 g feine Erdnussbutter
420 g Haferflocken
60 g getrocknete Aprikosen, klein gewürfelt
2 EL Sonnenblumenkerne
2 EL Sesamsaat

Zubereitung

1 Den Backofen auf 180 °C vorheizen. Eine quadratische Backform (22 cm x 22 cm) einfetten.

2 Die Margarine mit Honig und Zucker bei kleiner Hitze in einem Topf zerlassen. Wenn sich der Zucker aufgelöst hat, die Erdnussbutter zufügen und rühren, bis eine glatte Masse entstanden ist. Die restlichen Zutaten sorgfältig unterrühren.

3 Die Masse in die vorbereitete Form drücken und im vorgeheizten Ofen 20 Minuten backen. Aus dem Ofen nehmen und in der Form auskühlen lassen. Dann in 16 Stücke schneiden und servieren.

71

SOJABOHNEN

Diese Hülsenfrüchte sind reich an Mineralien und gesunden sekundären Pflanzenstoffen. Sie enthalten zudem große Mengen an hochwertigen Pflanzeneiweißen.

Sojabohnen werden in China bereits seit über 10 000 Jahren kultiviert und gehören zu den wenigen pflanzlichen Nahrungsmitteln, die alle acht essenziellen Aminosäuren aufweisen. Soja ist außerdem ein vorzüglicher Lieferant für Calcium, B-Vitamine, Kalium, Zink und Magnesium. Die Bohnen verfügen über sehr viel Eisen, wenngleich dieses Eisen nur mit Vitamin-C-reicher Kost vom Körper absorbiert werden kann. In Sojabohnen stecken reichlich sekundäre Pflanzenstoffe, die beispielsweise vor Brust- und Prostatakrebs oder Herzerkrankungen schützen können.

- Enthalten sämtliche essenziellen Aminosäuren.
- Reich an sekundären Pflanzenstoffen, die vor hormonell bedingten Krebsarten schützen können.
- Tragen zur Senkung des LDL-Cholesterinspiegels bei und schützen vor Herzerkrankungen.
- Können Wechseljahrebeschwerden wie Hitzewallungen lindern.

Praktische Tipps:
Sojabohnen aus der Dose sind eine schnelle und einfache Alternative zu getrockneter Ware und haben ähnlich hohe Nährwerte. Sie können in Suppen und Eintöpfen, püriert als Dip oder zu Bratlingen geformt serviert werden. Tofu wird aus fermentierten Sojabohnen hergestellt und ist eine gute fett- und natriumarme Alternative. Weizenmehl kann in Rezepten durch einen Teil Sojamehl ersetzt werden, um den Nährwert von Backwaren zu erhöhen.

SCHON GEWUSST?

Junge, noch grüne Sojabohnen werden als Edamame bezeichnet. Sie sind entweder geschält oder noch in der Hülse in Asia-Läden oder Delikatessgeschäften erhältlich. Sie können ähnlich wie dicke Bohnen zubereitet werden.

DIE WICHTIGSTEN NÄHRSTOFFE PRO 60 G SOJABOHNEN

Kalorien (kcal)	250
Fett	12 g
Eiweiß	22 g
Kohlenhydrate	18 g
Ballaststoffe	5,6 g
Folsäure	225 µg
Vitamin B1	0,5 mg
Vitamin B2	0,5 mg
Vitamin B3	0,95 mg
Magnesium	168 mg
Kalium	1,07 mg
Zink	2,9 g
Calcium	166 mg
Eisen	9,4 mg

Marinierte Sojabohnen

FÜR 10–12 PERSONEN (V) (D)

225 frische Sojabohnen in der Hülse, Stielansätze mit der Schere entfernt
300 ml chinesischer Reiswein
200 ml kaltes Wasser
3 EL Zucker

Zubereitung

1 Die Bohnen in einem Topf mit leicht gesalzenem Wasser 15 Minuten abgedeckt kochen, bis sie weich werden, die Hülsen sich aber noch nicht geöffnet haben. Abtropfen und auskühlen lassen.

2 Die Bohnen mit den restlichen Zutaten in eine Schüssel geben. Die Bohnen sollten mit Flüssigkeit bedeckt sein. An einem kühlen Ort 24 Stunden ziehen lassen. Kalt servieren. Die Bohnen isst man, indem sie direkt aus der Hülse in den Mund gedrückt werden.

5

Kräuter & Gewürze

Selbst in kleinen Mengen liefern Kräuter und Gewürze sowohl Nährstoffe als auch medizinische Inhaltsstoffe und wirken sich positiv auf unsere Ernährung aus. Egal ob in der herzhaften oder in der süßen Küche – Kräuter und Gewürze verfeinern jedes Gericht und eignen sich für hübsche Garnierungen.

(V) Für Vegetarier geeignet
(D) Geeignete Diätkost
(S) Für Schwangere geeignet
(K) Für Kinder über 5 Jahre geeignet
(E) Einfach und schnell

72 BASILIKUM

Die hocharomatischen, leuchtend grünen Basilikumblätter haben eine leicht beruhigende und schmerzlindernde Wirkung und können bei Verdauungsproblemen helfen.

Am bekanntesten ist Basilikum vielleicht als Hauptzutat für Pesto Genovese. Doch wird das Kraut mit seinen diversen gesundheitlichen Wirkungen in Indien und im Mittelmeerraum bereits seit Tausenden von Jahren verwendet und in der traditionellen Pflanzenheilkunde seit Langem als Mittel bei Verstopfung, Übelkeit und Magenverstimmungen eingesetzt. Basilikum ist leicht beruhigend, und ein Basilikumöl kann sogar zur Insektenabwehr und bei Mückenstichen verwendet werden. Basilikum enthält stark antioxidative Flavonoide. Die ätherischen Öle in den Blättern enthalten Substanzen, die gegen Lebensmittelbakterien wirken. Eugenol hat eine aspirinähnliche entzündungshemmende Wirkung und kann helfen, Arthritis- oder auch Reizdarmbeschwerden zu lindern.

- Bestandteil traditioneller Mittel bei Verdauungsbeschwerden, Übelkeit und Magenproblemen.
- Wirkt als Antiinsektenmittel und hat antibakterielle Effekte.
- Entzündungshemmend.
- Hoher Lutein- und Zeaxanthingehalt für gesunde Augen.

Praktische Tipps:
Basilikum wird am besten erst nach dem Garen zu Speisen gegeben, um sein Aroma und die ätherischen Öle nicht zu zerstören. Große Blätter sollten eher zerpflückt als geschnitten werden. Für ein schnelles Pesto zermahlen Sie das Basilikum mit Pinienkernen, Olivenöl, Salz und Pfeffer, und mischen Sie es unter die Pasta.

SCHON GEWUSST?

Der in Basilikum vorhandene Pflanzenstoff Estragol zeigt im Tierversuch karzinogene Wirkung. Für Menschen jedoch besteht kein Risiko.

DIE WICHTIGSTEN NÄHRSTOFFE PRO 15 G BASILIKUM

Kalorien (kcal)	37
Fett	0,3 mg
Eiweiß	2,1 mg
Kohlenhydrate	9 mg
Ballaststoffe	3,6 mg
Vitamin B1	27 µg
Vitamin B3	1 mg
Vitamin B6	0,3 mg
Selen	0,4 µg
Magnesium	63 mg
Eisen	0,8 mg
Zink	0,8 mg
Calcium	37 mg
Lutein/Zeaxanthin	172 µg

Marinierte Tomaten

FÜR 4 PERSONEN (V) (D) (S) (K)

1 TL Olivenöl
2 Schalotten, fein gehackt
2 Knoblauchzehen, zerdrückt
Pfeffer
2 rote Paprika, gehäutet und in Streifen geschnitten
1 orangefarbene Paprika, gehäutet und in Streifen geschnitten
4 Tomaten, in feine Scheiben geschnitten
2 EL frisch zerzupftes Basilikum
grüner Salat, zum Servieren

Zubereitung

1 4 etwas größere Ramequinformen leicht mit dem Öl einfetten. Schalotten und Knoblauch in einer Schale mischen und mit Pfeffer würzen.

2 Rote und orangefarbene Paprika abwechselnd mit den Tomatenscheiben in die Formen schichten. Dabei jede Schicht mit etwas Schalottenmischung und Basilikum bestreuen. Wenn alle Zutaten aufgebraucht sind, Frischhaltefolie oder Backpapier darauflegen und das Gemüse mit kleinen Gewichten beschweren. Im Kühlschrank mindestens 6 Stunden oder vorzugsweise über Nacht ziehen lassen.

3 Vor dem Servieren Gewichte und Folie/Papier vorsichtig entfernen und mit einem Messer das Gemüse vom Rand der Formen lösen. Auf Servierteller stürzen und mit grünem Salat servieren.

73 MINZE

Minze hat eine beruhigende und entspannende Wirkung auf den Magen und kann Symptome der Reisekrankheit lindern und eine verstopfte Nase bei Schnupfen lösen.

Zu den wichtigsten und bekanntesten Minzearten gehören Pfefferminze, Grüne Minze (Spearmint) und Apfelminze. Die Mentholöle, besonders in Pfefferminze, sind natürliche Mittel gegen Verdauungsbeschwerden. Menthol befreit Kopf und Bronchien bei Fieber und Erkältungen und hilft Menschen mit allergisch bedingtem Fließschnupfen. Die ätherischen Öle haben eine antibakterielle Wirkung und können helfen, das *Heliobacter-pylori*-Bakterium, Ursache für diverse Magenerkrankungen, und die Vermehrung von schädlichen Lebensmittelbakterien, wie Salmonellen und *Escherichia coli*, einzudämmen. Minze enthält sekundäre Pflanzenstoffe, die das Wachstum von bestimmten Tumorzellen unterbinden.

- Hilft bei Verdauungsbeschwerden und beruhigt den Magen.
- Wirkt schleimlösend bei Erkältungen.
- Hat antibakterielle Eigenschaften.
- Kann krebshemmende Wirkung haben.

Praktische Tipps:
Minze wird am besten frisch verwendet; getrocknet haben die Blätter an Aroma eingebüßt. Besonders gut schmeckt das frische Kraut fein gehackt und mit Naturjoghurt gemischt zu Lamm oder Auberginengerichten. Eine einfache Minzsauce lässt sich aus gehackter Minze und Balsamico-Essig zubereiten. Für ein Glas Minzetee überbrühen Sie eine Handvoll frische Blätter mit kochendem Wasser und lassen den Tee 5 Minuten ziehen. Vor dem Trinken filtern!

SCHON GEWUSST?

Wenn frisch gepflückte Minzestängel in ein Glas Wasser gestellt werden, treiben sie innerhalb von ein paar Tagen Wurzeln und können dann in Erde gepflanzt werden.

DIE WICHTIGSTEN NÄHRSTOFFE PRO 15 G MINZE

Kalorien (kcal)	7
Fett	Spuren
Eiweiß	0,5 g
Kohlenhydrate	1,2 g
Ballaststoffe	1 g
Folsäure	16 µg
Magnesium	9 mg
Kalium	69 mg
Calcium	30 mg
Eisen	1,8 mg

Minze-Spinat-Chutney

FÜR 4–6 PERSONEN (V) (D) (S) (K)

50 g zarte frische Spinatblätter
3 EL frische Minzeblätter
2 EL frisch gehackter Koriander
1 kleine rote Zwiebel, grob gehackt
1 kleine Knoblauchzehe, gehackt
1 frische grüne Chili, (nach Belieben entkernt und) gehackt
2½ TL Zucker
1 EL Tamarindensaft oder Saft von ½ Zitrone

Zubereitung

1 Alle Zutaten in den Mixer geben und glatt pürieren. Dabei so viel Wasser zufügen, dass eine cremige Paste entsteht.

2 Das Chutney in eine Servierschale füllen und abgedeckt mindestens 30 Minuten im Kühlschrank ziehen lassen. Zu Samosas oder Lamm-Kebabs servieren.

74 PETERSILIE

Dieses Kraut ist ein traditionelles Mittel aus der Pflanzenheilkunde: Es hat antioxidative und gerinnungshemmende Wirkung und ist reich an Vitamin C und Eisen.

Glatte und krause Petersilie haben in etwa dasselbe Nährstoffprofil. Oft wird Petersilie nur als Garnierung verwendet und dann leider weggeworfen, was schade ist, denn die Blätter sind eine gute Nährstoffquelle, z. B. für Vitamin C und Eisen. Der ebenfalls enthaltene, stark antioxidativ wirkende Pflanzenstoff Myristicin bindet karzinogene Stoffe wie Tabak- und Grillrauch im Körper und verhindert im Tierversuch das Tumorwachstum. Petersilie wirkt außerdem gerinnungshemmend und enthält ätherische Öle, die Menstruationsbeschwerden wie Wasseransammlungen und Bauchkrämpfe erleichtern.

- Gute Quelle für Vitamin C, Eisen, Kalium und Folsäure.
- Enthält Lutein und Zeaxanthin zur Vorbeugung von Makuladegeneration.
- Erfrischt den Atem.
- Antioxidative, antikarzinogene Wirkung.
- Enthält das ätherische Öl Apiol, ein traditionelles Mittel bei Wasseransammlungen und Menstruationsbeschwerden.

Praktische Tipps:
Petersilie hält sich in einem Plastikbeutel gut einige Tage im Kühlschrank. Für ein köstliches Taboulé mischen Sie reichlich gehackte Petersilie und Minze, Zitronensaft und Öl unter gekochten Couscous. Glatte Petersilie kann mit gemahlenen Walnüssen und Olivenöl zu einem Pesto verarbeitet werden.

SCHON GEWUSST?

Petersilie gehört zu den Doldenblütlern und ist verwandt mit Sellerie und Pastinake. Neben Blattpetersilie gibt es auch Wurzelpetersilie, die wie Sellerie oder Pastinake als Gemüse zubereitet werden kann.

DIE WICHTIGSTEN NÄHRSTOFFE PRO 15 G PETERSILIE

Kalorien (kcal)	5
Fett	Spuren
Eiweiß	0,5 g
Kohlenhydrate	1 g
Ballaststoffe	0,5 g
Vitamin C	20 mg
Folsäure	23 µg
Magnesium	8 mg
Kalium	83 mg
Calcium	21 mg
Eisen	0,9 mg
Betacarotin	758 µg
Lutein/Zeaxanthin	834 µg

Petersilienvinaigrette

ERGIBT ETWA 180 ML (V) (D) (S) (K) (E)

125 ml Olivenöl
3 EL Weißweinessig oder Zitronensaft
1½ EL sehr fein gehackte frische Petersilie
1 TL Dijon-Senf
½ TL Feinstzucker
Salz und Pfeffer

Zubereitung

1 Alle Zutaten in ein Schraubglas füllen und kräftig schütteln, bis eine dickflüssige Emulsion entstanden ist. Mit Salz und Pfeffer abschmecken.

2 Die Vinaigrette entweder sofort für alle grünen Salate verwenden oder im gut verschlossenen Schraubglas bis zu 3 Tage im Kühlschrank aufbewahren. Vor dem Gebrauch die Vinaigrette kurz verrühren oder im Glas schütteln und durch ein feines Kunststoff-Haarsieb passieren, wenn die Kräuter dunkel geworden sind.

75 ROSMARIN

Frischer Rosmarin hat hervorragende medizinische Eigenschaften, die bei Grippe- und Erkältungssymptomen helfen und altersbedingten Erkrankungen vorbeugen.

Traditionell wird Rosmarin zur Geistesanregung und Gedächtnisauffrischung, als allgemeines Stärkungsmittel und zur Lufterfrischung verwendet. Als Teekraut wird Rosmarin seit Langem bei Erkältungen, Fieber und Rheuma empfohlen. Wie einige andere Kräuter hat auch Rosmarin eine antibakterielle Wirkung, die bei Entzündungen im Rachenraum durch Staphylokokken in Form eines Rosmarinauszugs zum Gurgeln helfen kann. Mittlerweile ist auch erwiesen, dass Rosmarin zu den Kräutern mit den größten antioxidativen Eigenschaften gehört, die das Risiko für diverse Krankheiten reduzieren und den Alterungsprozess verlangsamen.

- Starke antioxidative Wirkung.
- Regt Geist und Gedächtnis an.
- Antibakterielle Eigenschaften.
- Wird zur allgemeinen Kräftigung verwendet und kann bei Depression helfen.

Praktische Tipps:
Rosmarin lässt sich gut trocknen, ohne dass seine antioxidativen Eigenschaften gänzlich verloren gehen. Die Zweige sollten kopfüber in der warmen Küche aufgehängt, die nadelartigen Blätter nach dem Trocknen abgestreift und in einem luftdichten Behälter aufbewahrt werden. Frische Rosmarinblätter können gehackt und mit Thymian, Salbei und Oregano gemischt für mediterrane Gerichte verwendet werden.

SCHON GEWUSST?

Tests haben ergeben, dass Rosmarinextrakt (und nicht frische oder getrocknete Blätter) die Leber entgiftet, für reine Haut sorgt und ähnlich wie Brustkrebsmedikamente als Östrogenblocker wirkt.

DIE WICHTIGSTEN NÄHRSTOFFE PRO 15 G ROSMARIN

Kalorien (kcal)	20
Fett	0,9 g
Eiweiß	0,5 g
Kohlenhydrate	3,1 g
Ballaststoffe	2 g
Folsäure	16 µg
Magnesium	14 mg
Kalium	100 mg
Calcium	48 mg
Eisen	1 mg

Seeteufel-Rosmarin-Spieße mit Aïoli

ERGIBT 12 STÜCK (D) (K)

250 g Seeteufelfilet
12 frische Zweige Rosmarin, plus etwas mehr zum Garnieren
3 EL Olivenöl
Saft von ½ kleinen Zitrone
1 Knoblauchzehe, zerdrückt
Salz und Pfeffer
6 dicke Scheiben Geflügelspeck
Zitronenspalten, zum Servieren

Aïoli
3 Eigelb
4 Knoblauchzehen
Saft von ½ Zitrone
170 ml natives Olivenöl extra
1 gestrichener TL Senfpulver

Zubereitung

1 Die Fischfilets längs halbieren und die Hälften so zerteilen, dass sich daraus insgesamt 24 mundgerechte Stücke ergeben.

2 Für die Rosmarinspieße die Blätter bis auf die Triebspitzen von den Zweigen streifen. Die abgestreiften Blätter fein hacken und in einer großen Schüssel mit Öl, Zitronensaft, Knoblauch, Salz und Pfeffer verrühren. Die Fischstücke zugeben und in der Marinade wenden. Abgedeckt 1–2 Stunden im Kühlschrank marinieren.

3 Den Backofengrill vorheizen oder einen Holzkohlegrill anfeuern. Für das Aïoli bis auf das Öl alle Zutaten im Mixer oder mit dem Stabmixer glatt rühren. Bei laufendem Motor das Öl in einem dünnen Strahl dazugießen, bis eine cremige Masse entstanden ist. In eine Servierschale füllen.

4 Die Speckscheiben erst längs, dann quer halbieren und dann aufrollen. Je 2 Fischstücke abwechselnd mit 2 Speckröllchen auf die Spieße stecken.

5 Unter dem vorgeheizten Grill oder bei starker Glut 10 Minuten unter gelegentlichem Wenden und Bestreichen mit der restlichen Marinade gar grillen. Darauf achten, dass die Rosmarinzweige nicht anbrennen. Mit Zitronenspalten und Aïoli servieren.

76 SALBEI

Die wertvollen Inhaltstoffe von Salbei helfen, Alterungsprozesse zu verlangsamen, und lindern die Symptome von Arthritis und Asthma.

Das aus dem Mittelmeerraum stammende Kraut wird bereits seit Tausenden von Jahren als Küchenkraut verwendet und hat auch als Heilpflanze eine sehr lange Geschichte. Salbei enthält eine Anzahl von ätherischen Ölen, Flavonoiden und Phenolsäuren und zählt zu den Pflanzen mit dem höchsten Anteil an Antioxidantien, die zellschädigende und für den Alterungsprozess verantwortliche freie Radikale binden. Tests haben gezeigt, dass selbst kleine Mengen Salbei das Kurzzeitgedächtnis erheblich verbessern. Salbei wirkt auch antibakteriell; er kann helfen, die Häufigkeit von Hitzewallungen während der Wechseljahre zu verringern, und wird bei entzündlichen Beschwerden wie bei rheumatischer Arthritis, Husten oder Halsschmerzen empfohlen.

- Wirkt stark antioxidativ, antibakteriell und schützend.
- Fördert die Gedächtnisleistung.
- Reduziert Hitzewallungen während der Wechseljahre.
- Entzündungshemmend.

Praktische Tipps:
Salbei ist ein anspruchsloses mehrjähriges holziges Kraut. Die Blätter können auf einem Blech ausgelegt an einem warmen, trockenen Ort getrocknet und anschließend in einem luftdichten Behälter aufbewahrt werden. Mit anderen Kräutern gemischt, kann gehackter Salbei für ein Kräuteromelett oder in Füllungen verwendet werden. Frischer Salbei schmeckt gehackt auf Pizzas und in Pastagerichten.

SCHON GEWUSST?

Salbei ist seit langer Zeit für seine antioxidativen Eigenschaften bekannt. Die alten Griechen verwendeten das Kraut zum Haltbarmachen von Fleisch, während im Mittelalter arabische Ärzte glaubten, es fördere die Unsterblichkeit.

DIE WICHTIGSTEN NÄHRSTOFFE PRO 15 G SALBEI

Kalorien (kcal)	22
Fett	0,9 g
Eiweiß	0,7 g
Kohlenhydrate	4,2 g
Ballaststoffe	2,8 g
Folsäure	19 µg
Magnesium	30 mg
Kalium	75 mg
Calcium	116 mg
Eisen	1,9 mg
Betacarotin	244 µg

Knoblauch-Salbei-Brot

ERGIBT 1 LAIB (V) (K)

250 g Weizenvollkornmehl, plus etwas mehr zum Bestäuben
1 Tütchen Trockenhefe
3 EL frisch gehackter Salbei, plus einige Blätter zum Garnieren
1 TL Meersalz
3 Knoblauchzehen, fein gehackt
1 TL Honig
170 ml lauwarmes Wasser
Rapsöl, zum Bestreichen
fettarmer Frischkäse, zum Servieren

Zubereitung

1 Das Mehl in eine Schüssel sieben. Die Kleie aus dem Sieb wieder dazugeben. Hefe, Salbei und Salz untermischen. Bis auf 1 Teelöffel den Knoblauch unter das Mehl rühren. Eine Vertiefung in die Mitte drücken und Honig und Wasser hineingeben. Nach und nach mit den Trockenzutaten mischen. Von Hand durchkneten, bis ein glatter Teig entstanden ist, der sich gut von der Schüsselwand löst. Auf einer leicht bemehlten Arbeitsfläche 10 Minuten kneten, bis er glatt und elastisch ist.

2 Eine Schüssel mit Öl einfetten. Den Teig zu einer Kugel formen, in die Schüssel geben und abgedeckt mit einem feuchten Tuch an einem warmen Ort 1 Stunde gehen lassen, bis sich das Teigvolumen verdoppelt hat.

3 Ein Backblech mit Öl bestreichen. Den Teig auf einer leicht bemehlten Arbeitsfläche nochmals 2 Minuten durchkneten. Zu einer langen Rolle, dann zu einem Ring formen. Den Teigring auf das Backblech heben. Die Außenwand einer kleinen Schüssel mit Öl einfetten und die Schüssel in die Mitte des Rings setzen, damit das Loch beim Gehen nicht wieder zugeht. Mit einem feuchten Tuch abgedeckt an einem warmen Ort weitere 30 Minuten gehen lassen.

4 Den Backofen auf 200 °C vorheizen. Die Schüssel entfernen. Den Laib mit dem restlichen Knoblauch bestreuen und etwas Mehl bestäuben. Im vorgeheizten Ofen 25–30 Minuten goldbraun backen. Das Brot sollte sich hohl anhören, wenn man auf die Unterseite klopft. Auf einem Kuchengitter auskühlen lassen. In Scheiben scheiden, mit Frischkäse bestreichen und mit Salbei garniert servieren.

77 OREGANO

Kein anderes Kraut enthält mehr Antioxidantien als Oregano. Er hilft bei der Bekämpfung schädlicher Lebensmittelbakterien und stärkt das Immunsystem.

Laut einer amerikanischen Studie enthält Oregano mehr Antioxidantien als jedes andere Kraut, 42-mal mehr als die vergleichbare Menge Äpfel, 12-mal mehr als Orangen und 4-mal mehr als Blaubeeren. Unter den ätherischen Ölen befinden sich Thymol und Carvacrol, die beide das Bakterienwachstum unter anderem von *Staphylococcus aureus* stark bremsen. Darüber hinaus ist Oregano ein guter Lieferant für diverse Nährstoffe, darunter die Mineralien Calcium, Kalium, Eisen und Magnesium, und für Ballaststoffe, die zur Senkung des LDL- Cholesterinwertes beitragen.

- Gehört zu den Pflanzen mit den meisten Antioxidantien.
- Antibakterielle Wirkung, kann Erkältungssymptome lindern.
- Reich an Mineralstoffen.
- Ballaststoffreich, verdauungsfördernd.

Praktische Tipps:
Oregano ist ein leicht zu ziehendes Kraut, das in Töpfen auf der Fensterbank gedeiht. Die Blätter lassen sich gut trocknen und in einem luftdichten Behälter aufbewahren. Allerdings sollten sie innerhalb von 3 Monaten aufgebraucht werden, da getrockneter Oregano rasch an Aroma verliert. Oregano wird häufig für italienische Kräutermischungen und für Kräuter der Provence verwendet. Er passt ausgezeichnet zu Eiern, Tomaten, Bratkartoffeln, Lamm und Hühnchen.

SCHON GEWUSST?

Wenn Sie frischen Oregano durch getrockneten ersetzen, sollten Sie nur die Hälfte der Menge nehmen.

DIE WICHTIGSTEN NÄHRSTOFFE PRO 15 G OREGANO

Kalorien (kcal)	21
Fett	0,8 g
Eiweiß	0,7 g
Kohlenhydrate	4,5 g
Ballaststoffe	3 g
Folsäure	19 µg
Vitamin B3	0,4 mg
Magnesium	19 mg
Kalium	117 mg
Calcium	110 mg
Eisen	3 mg
Betacarotin	288 µg

Thunfisch mit Kräutersauce

FÜR 4 PERSONEN (D) (K) (E)

4 frische Thunfischsteaks, je 2 cm dick
Olivenöl, zum Bestreichen
Salz und Pfeffer
Zitronenspalten, zum Servieren

Kräutersauce

50 g frische glatte Petersilie
4 Frühlingszwiebeln, gehackt
2 Knoblauchzehen, gehackt
3 Sardellenfilets in Öl, abgetropft
30 g frische Basilikumblätter
½ EL eingelegte Kapern, abgespült und trocken getupft
2 frische Zweige Oregano oder ½ TL getrockneter Oregano
125 ml natives Olivenöl extra, plus eventuell etwas mehr
1–2 EL Zitronensaft, zum Abschmecken

Zubereitung

1 Für die Kräutersauce Petersilie, Frühlingszwiebeln, Knoblauch, Sardellenfilets, Basilikum, Kapern und Oregano in den Mixer geben und durch Drücken der „Pulse"-Taste zerkleinern. Bei laufendem Motor das Öl zugießen. Zitronensaft zum Abschmecken zufügen und nochmals mixen. Falls die Sauce zu dick ist, noch etwas Öl einarbeiten. Die Sauce in eine Servierschüssel füllen und abgedeckt bis zum Gebrauch kalt stellen.

2 Eine gusseiserne Grillpfanne stark erhitzen, bis Sie die Hitze aufsteigen fühlen. Die Thunfischsteaks auf einer Seite mit Öl bestreichen und von dieser Seite 2 Minuten anbraten.

3 Die Oberseite der Steaks leicht mit Öl bestreichen. Die Steaks mit einer Küchenzange wenden, mit Salz und Pfeffer würzen und weitere 2 (blutig) bis zu 4 Minuten (durchgegart) braten.

4 Die Thunfischsteaks auf Servierteller geben und mit der Kräutersauce und Zitronenspalten servieren.

78 KORIANDER

Korianderblätter haben antibakterielle, entzündungshemmende Eigenschaften und können erheblich zur Verbesserung des Cholesterinspiegels im Blut beitragen.

Koriander nimmt als Heilkraut einen hohen Stellenwert ein. Bei einer Fütterung von diabeteskranken Mäusen mit Koriander wurde eine verbesserte Insulinsekretion und ein niedrigerer Blutzuckerspiegel beobachtet. Das Kraut enthält 2-Decenal, das sich in Tests bei der Abtötung von Salmonellen als zweimal so effektiv erwiesen hat wie einige Antibiotika. Außerdem konnten acht weitere antibiotisch wirkende Stoffe isoliert werden. Koriander ist auch nützlich bei der Senkung des LDL- und der Erhöhung des HDL-Cholesterinspiegels. Er ist ein guter Nährstofflieferant, z. B. für Kalium und Calcium, und enthält größere Mengen an Lutein und Zeaxanthin, die für gesunde Augen und gutes Sehen notwendig sind.

- Wirkt blutzuckerregulierend und kann so Diabetikern und Menschen mit Insulinresistenz helfen.
- Entzündungshemmende und antibakterielle Eigenschaften.
- Wirkt sich positiv auf die Cholesterinwerte aus.
- Stärkt Augen und Sehkraft.

Praktische Tipps:
Koriander wird nur frisch verwendet, da er sich schlecht trocknen lässt und sein Aroma verliert. Die Blätter sind sehr fein, weshalb frischer Koriander gut eingehüllt im Kühlschrank aufbewahrt werden sollte. Das Kraut lässt sich aber auch in Töpfen ziehen. Koriander sollte nie mitgekocht werden, da er sonst sein Aroma verliert.

SCHON GEWUSST?

Korianderblätter werden manchmal mit denen der glatten Petersilie verwechselt Beide Pflanzen gehören zur Familie der Doldenblütler.

DIE WICHTIGSTEN NÄHRSTOFFE PRO 15 G KORIANDER

Kalorien (kcal)	3
Fett	Spuren
Eiweiß	0,3 g
Kohlenhydrate	0,5 g
Ballaststoffe	0,4 g
Folsäure	9 µg
Kalium	78 mg
Calcium	10 mg
Eisen	0,3 mg
Betacarotin	590 µg
Lutein/Zeaxanthin	130 µg

Koriandeпaste

FÜR 4 PERSONEN (V) (D) (S) (K)

225 g frischer Babyspinat
1 Handvoll Selleriegrün
3 EL Olivenöl
2–3 Knoblauchzehen, zerdrückt
1 TL Kreuzkümmelsamen
6–8 entsteinte schwarze Oliven, fein gehackt
1 großes Bund glatte Petersilie, nur die Blätter, fein gehackt
1 großes Bund frischer Koriander, nur die Blätter, fein gehackt
1 TL geräucherte spanische Paprika
Salz und Pfeffer
Saft von ½ Zitrone

Zum Servieren

getoastetes Fladenbrot oder Krustenbrot
schwarze Oliven

Zubereitung

1 Spinat und Selleriegrün dämpfen, bis die Blätter zusammenfallen. Unter fließend kaltem Wasser abschrecken, gut abtropfen lassen und sorgfältig ausdrücken. Die Blätter auf einem Schneidebrett sehr fein hacken.

2 2 Esslöffel Öl in einem schweren Topf erhitzen. Knoblauch und Kreuzkümmelsamen darin bei mittlerer Hitze 1–2 Minuten unter Rühren andünsten, bis sie zu duften beginnen. Oliven, Petersilie, Koriander und Paprika zufügen.

3 Spinat und Selleriegrün untermischen und bei kleiner Hitze unter ständigem Rühren 10 Minuten garen, bis die Masse glatt und kompakt ist. Mit Salz und Pfeffer würzen und abkühlen lassen.

4 Die Paste in eine Schale füllen. Restliches Öl und Zitronensaft zum Binden unterrühren. Mit Brot und Oliven servieren.

79 THYMIAN

Die Pflanze mag zwar zart und fein aussehen, doch mit seinen überaus starken antioxidativen Eigenschaften gehört Thymian zu den vielseitigsten Heilpflanzen.

Ätherische Öle und sekundäre Pflanzenstoffe verleihen dem immergrünen Thymian ein intensives Aroma und eine starke antioxidative Wirkung. Eines der wichtigsten Öle ist Thymol. Studien zu diesem Öl haben bestätigt, dass es die Wirkweise der für die Gesundheit wichtigen Omega-3-Fettsäuren stimuliert und so indirekt für eine gesunde Gehirntätigkeit sorgt. Die Thymianöle haben eine starke antibakterielle Wirkung und können vor schädlichen Lebensmittelbakterien wie *Escherichia coli* oder Staphylokokken schützen. Darüber hinaus enthalten sie reichlich Flavonoide, die vor alterungsbedingten Krankheiten schützen, sowie Vitamin C und Eisen.

- Verbessert die Wirkweise von Omega-3-Fettsäuren.
- Kann die Gehirnleistung anregen.
- Wirkt stark antiseptisch und antibiotisch.
- Reich an antioxidativen Flavonoiden, Vitamin C und Eisen.

Praktische Tipps:
Frische Zweige können mit Lorbeerblättern und Petersilie zu einem einfachen Bouquet garni für Fischsuppen und Eintöpfe zusammengebunden werden. Frisch gehackt, verleiht Thymian zusammen mit Minze und Petersilie einem Omelett sein wunderbares Aroma, oder füllen Sie ein Brathähnchen mit reichlich (Zitronen-)Thymian. Die Blättchen lassen sich ganz einfach mit einer Gabel von den Zweigen streifen.

SCHON GEWUSST?

Thymianöl wurde bereits im Mittelalter wegen seiner antiseptischen Eigenschaften geschätzt und wird auch heute noch zur Behandlung von Husten und als Mundspülung empfohlen.

DIE WICHTIGSTEN NÄHRSTOFFE PRO 15 G THYMIAN

Kalorien (kcal)	15
Fett	0,2 g
Eiweiß	0,8 g
Kohlenhydrate	3,6 g
Ballaststoffe	2,1 g
Vitamin C	24 mg
Calcium	61 mg
Kalium	91 mg
Eisen	2,6 mg
Zink	0,3 mg
Betacarotin	428 µg

Kräuter-Zitronen-Öl

ERGIBT ETWA 270 ML (V) (D) (S) (K)

10–15 frische Zweige Thymian (je etwa 13 cm lang)
5 frische Zweige Rosmarin (je etwa 13 cm lang)
Schale von 2 Zitronen
270 ml Rapsöl
Krustenbrot, zum Servieren

Zubereitung

1 Den Backofen auf 150 °C vorheizen. Die Blätter von den Thymian- und Rosmarinzweigen abstreifen. Die Zitronenschale in Streifen schneiden.

2 Das Öl in eine hitzebeständige Glasform füllen. Kräuter und Zitronenschale zufügen. Die Form in die Mitte des vorgeheizten Ofens stellen und 1½–2 Stunden erhitzen.

3 Das Öl aus dem Ofen nehmen, wenn es eine Temperatur von 120 °C erreicht hat, und mindestens 30 Minuten abkühlen lassen. Das Öl mit Kräutern und Schale aufbewahren oder durch ein mit Musselin ausgelegtes Sieb passieren und bis zum Gebrauch in den Kühlschrank stellen. Mit Krustenbrot servieren.

80 FENCHEL-SAMEN

Die Samen haben eine appetitzügelnde Wirkung und sind deshalb empfehlenswert für alle, die Diät halten. Zudem beruhigen sie das Verdauungssystem.

Fenchelsamen stammen sowohl vom Gewürz- als auch vom Gemüsefenchel. Sie helfen bei der Gewichtsreduzierung, da sie, als Tee getrunken, eine appetitzügelnde Wirkung haben. Das Kauen von Fenchelsamen sorgt für guten Atem. Durch ihre östrogenähnlichen Pflanzenstoffe stimulieren sie bei stillenden Müttern die Milchproduktion. Als Tee helfen sie außerdem bei Blähungen, Koliken (insbesondere bei Säuglingen) und Magenkrämpfen. Während einer Schwangerschaft sollten die Samen jedoch vermieden werden, da sie die Gebärmutter überstimulieren können. Mit Fenchelsamen lassen sich auch Wechseljahrebeschwerden abschwächen.

- Können appetitzügelnd wirken.
- Helfen bei schlechtem Atem.
- Sind verdauungsfördernd, lindern Blähungen und Koliken.
- Regen die Milchproduktion bei stillenden Müttern an.

Praktische Tipps:
Für einen Fencheltee überbrühen Sie einen Teelöffel grob zerdrückte Fenchelsamen mit kochendem Wasser und lassen ihn dann 5 Minuten ziehen. Fenchelsamen passen als Gewürz ausgezeichnet zu Schweinebraten. Ritzen Sie das rohe Fleisch ein und füllen Sie die Schlitze mit Samen. Das Aroma von Fenchel harmoniert auch mit Fisch: Zerstoßene Samen werden mit Olivenöl und gehackten Tomaten vor dem Backen über den Fisch gegeben. Auch Kartoffelsalat erhält durch zerdrückte Samen ein besonderes Aroma.

SCHON GEWUSST?

Als Gemüse- und Heilpflanze war Fenchel bereits bei den alten Griechen und Römern hoch geschätzt. Im Mittelalter wurden ihm magische Kräfte zugeschrieben: Man steckte die Samen in Schlüssellöcher, um böse Geister fernzuhalten.

DIE WICHTIGSTEN NÄHRSTOFFE PRO 15 G FENCHELSAMEN

Kalorien (kcal)	20
Fett	0,9 g
Eiweiß	0,9 g
Kohlenhydrate	3 g
Ballaststoffe	2,3 g
Calcium	69 mg
Kalium	98 mg
Magnesium	22 mg
Eisen	1 mg

Fischspieße

ERGIBT 8 STÜCK (D) (K)

1 Prise Safranfäden, zerdrückt
1 EL heiße Magermilch
80 g fettarmer Naturjoghurt
1 EL Knoblauchpüree
1 EL Ingwerpüree
½ TL Salz (nach Belieben)
½ TL Zucker
Saft von ½ Zitrone
½–1 TL Chilipulver
½ TL Garam masala
1 TL gemahlene Fenchelsamen
2 TL Kichererbsenmehl
750 g Lachsfilets, gehäutet, in 5 cm große Würfel geschnitten
3 EL Olivenöl, plus etwas mehr zum Bestreichen
Zitronenspalten, zum Servieren

Zum Garnieren

Tomatenscheiben
Gurkenscheiben

Zubereitung

1 Den Safran 10 Minuten in der heißen Milch einweichen.

2 Bis auf Fischwürfel und Öl alle Zutaten in eine Schüssel geben und mit einer Gabel oder einem Schneebesen glatt rühren. Die Safranmilch sorgfältig unterrühren, dann die Fischwürfel zugeben und mit einem Metalllöffel sorgfältig in der Marinade wenden, bis sie ganz damit überzogen sind. Abgedeckt 2 Stunden im Kühlschrank marinieren. Vor dem Garen wieder auf Zimmertemperatur bringen.

3 Den Backofengrill vorheizen. Den Rost großzügig und 8 Metallspieße dünn mit Öl einfetten. Die Fettpfanne des Ofens mit Alufolie auslegen. Den Fisch mit etwas Abstand zwischen den Würfeln auf die Spieße stecken. Auf den Rost legen, die Fettpfanne darunterschieben und 3 Minuten 10 cm unter der Grillschlange grillen. Die Spieße mit der Hälfte des Olivenöls bestreichen und 1 Minute grillen. Die Spieße wenden, mit der restlichen Marinade bestreichen und weitere 3 Minuten grillen. Mit dem restlichen Öl bestreichen und weitere 2 Minuten grillen, bis die Fischwürfel an den Kanten gut gebräunt sind.

4 Die Spieße aus dem Ofen nehmen und 5 Minuten ruhen lassen. Mit Tomaten und Gurken garnieren und mit den Zitronenspalten servieren.

81 CHILLIES

Diese Früchte stecken nicht nur voller Aroma, sondern enthalten viele wertvolle Substanzen. Studien haben belegt, dass sie zu den gesündesten Gewürzen gehören.

Für den Schärfegrad der Früchte ist der Pflanzenstoff Capsaicin verantwortlich, der bei Arthritis auch entzündungshemmend wirkt. Capsaicin scheint auch die Vermehrung von Prostatakrebszellen zu unterbinden und als Gerinnungshemmer zu wirken. Rote Chillies enthalten zudem große Mengen an Carotinoiden. Durch den Verzehr von Chillies wird weniger Insulin zur Regulierung des Blutzuckerspiegels nach einer Mahlzeit benötigt. Daher sind die Früchte für Diabetiker und Menschen mit Insulinresistenz zu empfehlen.

- Enthalten Capsaicin, das schmerzstillend und entzündungshemmend bei Arthritis wirkt.
- Wirken stark antioxidativ zur Verhinderung alterungsbedingter Krankheiten.
- Unterstützen die Senkung des LDL-Cholesterinspiegels und reduzieren das Risiko für Blutgerinnsel.
- Reich an Vitamin C und Carotinoiden zur Stärkung der Abwehrkräfte.

Praktische Tipps:
Chillies gibt es in vielen unterschiedlichen Formen, Farben und Schärfegraden (von 1 bis 10). Vermeiden Sie es, die Hände an die Augen zu führen, wenn Sie frische Chillies verarbeitet haben. Einmalhandschuhe schützen zusätzlich vor Hautirritationen. Getrocknete Chiliflocken und Chilipulver sollten in lichtundurchlässigen, luftdicht schließenden Behältern aufbewahrt werden.

SCHON GEWUSST?

In Salben lindern die Wirkstoffe aus Chillies Schuppenflechten.

DIE WICHTIGSTEN NÄHRSTOFFE PRO 30 G CHILLIES

Kalorien (kcal)	12
Fett	Spuren
Eiweiß	0,5 g
Kohlenhydrate	2,6 g
Ballaststoffe	0,4 g
Vitamin C	43 mg
Folsäure	0,4 mg
Vitamin B3	0,4 mg
Kalium	97 mg
Eisen	0,3 mg
Betacarotin	160 µg
Lutein/Zeaxanthin	213 µg

Garnelen in scharfer Kokosmilch

FÜR 4 PERSONEN (D) (S) (E)

4 EL Olivenöl
½ TL schwarze oder braune Senfkörner
½ TL Bockshornkleesamen
1 große Zwiebel, fein gehackt
2 TL Knoblauchpüree
2 TL Ingwerpüree
1–2 frische grüne Chillies, entkernt und gehackt
1 EL gemahlener Koriander
½ TL Kurkuma
½ TL Chilipulver
1 TL Salz (oder nach Geschmack)
250 ml fettarme Kokosmilch
450 g gekochte Riesengarnelen, ausgelöst und Darmfäden entfernt, falls Tiefkühlware, aufgetaut und abgetropft
1 EL Tamarindensaft oder Saft von ½ Limette
½ TL zerstoßener schwarzer Pfeffer
10–12 frische oder getrocknete Curryblätter

Zubereitung

1 3 Esslöffel Öl in einem mittleren Topf erhitzen. Wenn das Öl sehr heiß ist, aber noch nicht raucht, Senfkörner, Bockshornklee und Zwiebel zufügen und unter häufigem Rühren 5–6 Minuten anbraten, bis die Zwiebel weich, aber nicht gebräunt ist. Knoblauch- und Ingwerpüree sowie Chillies zugeben und unter häufigem Rühren weitere 5–6 Minuten garen, bis die Zwiebelstücke goldbraun sind.

2 Koriander, Kurkuma und Chilipulver zufügen und 1 Minute rühren. Salz und Kokosmilch zugeben, dann Garnelen und Tamarindensaft. Alles sanft zum Kochen bringen und unter gelegentlichem Rühren 3–4 Minuten einkochen.

3 Währenddessen das restliche Öl in einem kleinen Topf erhitzen. Pfeffer und Curryblätter bei mittlerer Hitze 20–25 Sekunden darin anbraten. Dann das Öl unter die Garnelenmischung heben. Sofort servieren.

82 ZIMT

Dieses warme Gewürz hat entzündungshemmende, antibakterielle Eigenschaften, kann bei Blähungen und Sodbrennen helfen und Schutz vor Schlaganfällen bieten.

Zimt enthält ätherische Öle und sekundäre Pflanzenstoffe wie Zimtaldehyd, Cinnamyl-Acetat und Cinnamylalkohol, die mehrere gesundheitliche Vorzüge bieten: So hat z. B. Zimtaldehyd nicht nur eine gerinnungshemmende und somit vor Schlaganfällen schützende Wirkung, sondern auch entzündungshemmende Eigenschaften, mit denen sich Arthritis- und Asthmabeschwerden lindern lassen. Das Gewürz wirkt verdauungsfördernd, hilft gegen Blähungen und kann lindernd bei Sodbrennen sein. Außerdem hat es eine antibakterielle Wirkung, die die Vermehrung von Candida-Pilzen und schädlichen Lebensmittelbakterien unterbindet. Eine Studie belegt, dass Zimt blutzuckerregulierend und cholesterinsenkend agiert.

- Hilft bei Verdauungsproblemen und Blähungen.
- Wirkt gegen Bakterien und Pilze.
- Beugt Blutgerinnseln vor.
- Kann cholesterin- und blutzuckersenkend sein.

Praktische Tipps:
Ganze Zimtstangen behalten ihren Geschmack und ihr Aroma etwa 1 Jahr, während dies bei gemahlenem Zimt nur etwa 6 Monate der Fall ist. Solange er frisch riecht, kann er verwendet werden, wenn er allerdings sein Aroma verloren hat, sollte er entsorgt werden. Ganze Zimtstangen oder auch Zimtbruch sind eine beliebte Zutat für Kompotte oder Glühwein. Gemahlener Zimt schmeckt besonders zu Äpfeln und Pflaumen.

SCHON GEWUSST?

Gewürzzimt ist die Innenrinde eines immergrünen Baumes aus der Familie der Lorbeergewächse. Man unterscheidet zwischen echtem Ceylonzimt und dem preisgünstigeren Cassiazimt, der aus China stammt.

DIE WICHTIGSTEN NÄHRSTOFFE PRO 15 G ZIMT

Kalorien (kcal)	18
Fett	Spuren
Eiweiß	Spuren
Kohlenhydrate	5,5 g
Ballaststoffe	3,7 g
Folsäure	287 µg
Kalium	34 mg
Calcium	84 mg
Eisen	2,6 mg

Gratinierte Zimtorangen

FÜR 8 PERSONEN (V) (D) (S) (K) (E)

4 große Orangen
1 TL Zimt
1 EL Rohrohrzucker

Zubereitung

1 Den Backofengrill vorheizen. Die Orangen halbieren und entkernen. Mit einem scharfen Gemüsemesser oder einem gebogenen Grapefruit-Messer das Fruchtfleisch vorsichtig von der weißen Innenschale lösen und zwischen den Trennhäuten einschneiden, sodass es sich nachher mit einem Löffel locker herauslösen lässt.

2 Die Orangenhälften mit der Schnittseite nach oben in eine flache Auflaufform setzen. Zimt und Zucker in einer Schale mischen und die Orangen gleichmäßig damit bestreuen.

3 Die Orangen unter dem vorgeheizten Grill auf oberster Schiene 3–5 Minuten gratinieren, bis der Zucker karamellisiert und goldbraun ist. Sofort servieren.

83 KREUZ-KÜMMEL

Mit seiner antiseptischen Wirkung hilft Kreuzkümmel bei Halsentzündungen und fördert wirksam die Verdauung.

Die kleinen bräunlichen Samen stammen von einem Kraut aus der Familie der Petersiliengewächse. Ihr Aroma ist warm und würzig, aber nicht scharf. Das Gewürz wird bereits seit Jahrtausenden verwendet: Die Römer setzten es zur Anregung von Appetit und Verdauung ein, und die Forschung hat bestätigt, dass Kreuzkümmel die Abgabe eines Bauchspeicheldrüsenenzyms stimuliert, das für eine gesunde Verdauung und die Nährstoffaufnahme wichtig ist. Gegenwärtig wird Kreuzkümmel auf seine antioxidativen Eigenschaften erforscht, und vielleicht kann er helfen, das Wachstum von Krebszellen zu blockieren. Die Samen sind reich an Eisen und wirken antiseptisch, sodass ein Kreuzkümmelaufguss mit Honig ein ideales Getränk bei einer Halsentzündung ist.

- Verdauungsfördernd.
- Mögliche krebsvorbeugende Wirkung.
- Hat antiseptische Eigenschaften.
- Reich an Eisen für die Blutbildung.

Praktische Tipps:
Kaufen Sie das Gewürz als ganze Samen, die länger frisch und aromatisch bleiben als das Pulver. Gewürze werden am besten in luftdichten, dunklen Behältern kühl, trocken und dunkel aufbewahrt. Grob gemahlener Kreuzkümmel schmeckt in einem Salat aus Naturreis, gehackten frischen Früchten und Nüssen. Er passt auch zu Hülsenfrüchten wie Linsen oder Kichererbsen.

SCHON GEWUSST?

Kreuzkümmel stammt aus dem Nahen Osten, doch wird er bereits seit Jahrtausenden auch in Indien und China kultiviert. Er ist unverzichtbar für Currypulver-Mischungen.

DIE WICHTIGSTEN NÄHRSTOFFE PRO 15 G KREUZKÜMMEL

Kalorien (kcal)	23
Fett	1 g
Eiweiß	1 g
Kohlenhydrate	2,6 g
Ballaststoffe	0,6 g
Calcium	56 mg
Magnesium	22 mg
Kalium	107 mg
Eisen	4 mg

Karottensuppe

FÜR 1–2 PERSONEN (V) (D) (E)

1 Karotte, fein gehackt
1 kleine Knoblauchzehe, gehackt
1 Schalotte, fein gehackt
1 vollreife Tomate, gehäutet und gehackt
½ TL gemahlener Kreuzkümmel, plus etwas mehr zum Garnieren
200 ml Gemüsebrühe
1 Bouquet garni
2 TL trockener Sherry
Pfeffer
1 EL fettarmer Naturjoghurt, zum Servieren

Zubereitung

1 Karotte, Knoblauch, Schalotte, Tomate, Kümmel, Brühe und Bouquet garni in einen Topf mit Deckel geben und bis knapp unter den Siedepunkt erhitzen. Dann die Hitze reduzieren und 30 Minuten köcheln lassen, bis das Gemüse gar ist. Den Topf vom Herd nehmen und die Suppe etwas abkühlen lassen. Das Bouquet garni entfernen.

2 Die Suppe im Mixer oder mit dem Stabmixer glatt pürieren und wieder in den Topf füllen. Den Sherry unterrühren und wieder erhitzen. Mit Pfeffer abschmecken. In vorgewärmte Suppenschalen füllen und mit einem Löffel Joghurt und 1 Prise Kreuzkümmel garniert servieren.

84 INGWER

Die Substanzen in frischem Ingwer haben eine starke krebs- und entzündungshemmende Wirkung, können Übelkeit lindern und den Verdauungsapparat anregen.

Dem Ingwer werden seit Tausenden von Jahren gesundheitsfördernde Eigenschaften zugerechnet, die durch die moderne Wissenschaft bestätigt werden konnten. Die wichtigsten Inhaltstoffe sind Terpene und Gingerole, die tumorhemmend wirken und erwiesenermaßen Tumorzellen in Darm und Eierstöcken zerstören können. Gingerole haben eine starke entzündungshemmende Eigenschaft, weshalb sich Ingwer bei sehr vielen Arthritispatienten als schmerzstillend und schwellungsabbauend erwiesen hat und so deren Mobilität verbessern konnte. Ingwer kann auch Migräneanfälle mildern. Seit Langem wird die Knolle als Mittel gegen Übelkeit und Verdauungsbeschwerden eingesetzt, da einige Substanzen im Ingwer den Darm entspannen und gegen Blähungen wirken.

- Sehr gutes, nebenwirkungsfreies Mittel gegen Reisekrankheit.
- Hat sich als Mittel gegen Arthritisschmerzen erwiesen.
- Verdauungsfördernd.

Praktische Tipps:
Kaufen Sie Ingwer möglichst als frische Knolle und nicht als Pulver oder in Sirup eingelegt, denn frischer Ingwer enthält die meisten Wirkstoffe. Die Knolle sollte im Kühlschrank lagern und kann nach dem Schälen nach Bedarf gerieben oder gehackt werden. Aus frisch geriebenem Ingwer, Zitronensaft und Honig lässt sich, mit heißem Wasser aufgebrüht, ein beruhigendes Getränk zubereiten.

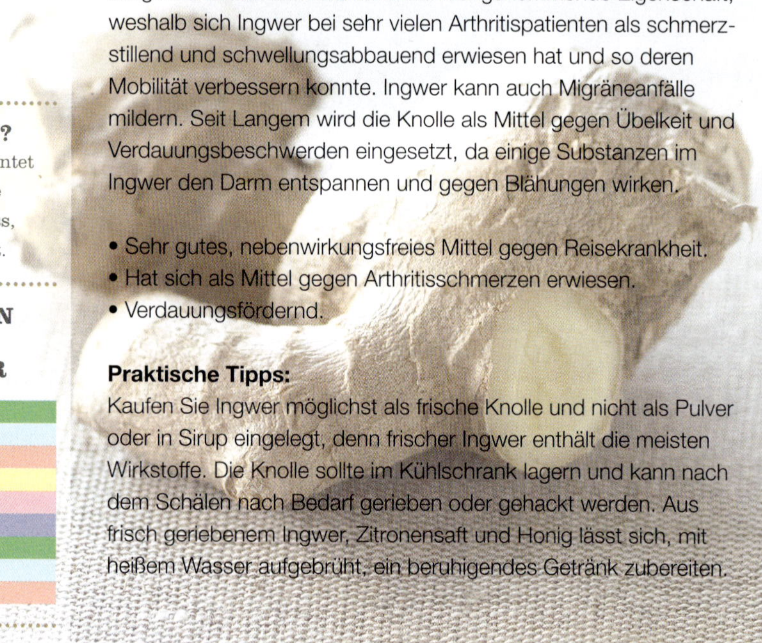

SCHON GEWUSST?

Als Gewürzingwer geerntet wird der unter der Erde wachsende Wurzelspross, auch „Rhizom“ genannt.

DIE WICHTIGSTEN NÄHRSTOFFE PRO 15 G INGWER

Kalorien (kcal)	19
Fett	0,3 g
Eiweiß	0,5 g
Kohlenhydrate	3,8 g
Ballaststoffe	0,7 g
Vitamin B1	0,4 mg
Magnesium	10 mg
Kalium	73 mg
Eisen	0,6 mg

Karotten-Energiedrink mit Ingwer

FÜR 2 PERSONEN (V) (D) (S) (K) (E)

270 ml Karottensaft

4 Tomaten, gehäutet, entkernt und grob gehackt

1 EL Zitronensaft

25 g frische Petersilie, plus etwas frisch gehackte Petersilie zum Garnieren

1 EL frisch geriebener Ingwer

6 Eiswürfel

125 ml Wasser

Zubereitung

1 Karottensaft, Tomaten und Zitronensaft im Mixer kurz pürieren.

2 Petersilie, Ingwer und Eiswürfel zufügen und gut mixen. Dann das Wasser zugießen und weitermixen, bis eine glatte Masse entstanden ist.

3 Den Drink in Gläser füllen, mit etwas gehackter Petersilie garnieren und sofort servieren.

85 MUSKATNUSS

Die in der Muskatnuss enthaltenen Substanzen verfügen über beruhigende, leicht betäubende und antibakterielle Eigenschaften.

Muskatnüsse sind eigentlich die Fruchtkerne eines aus Indonesien stammenden immergrünen Baumes, der heute in vielen Regionen der Welt kultiviert wird. Das Gewürz enthält die leicht sedativen und narkotisierenden Substanzen Myristicin und Elemicin sowie Monoterpene, denen eine gerinnungshemmende Wirkung zugeschrieben wird und die vorbeugend gegen Herz-Kreislauf-Erkrankungen agieren können. Wie viele andere Gewürze hat auch Muskat eine antibakterielle Wirkung und bietet einen gewissen Schutz vor schädlichen Lebensmittelbakterien wie *Escherichia coli*. Muskat wird auch bei der Behandlung von Morbus Crohn eingesetzt, einer chronisch-entzündlichen Darmerkrankung. Die ätherischen Öle sollen gegen schmerzhafte Zahnfleischentzündungen helfen.

- Leicht beruhigende Wirkung.
- Hilft, Blutgerinnseln und Herz-Kreislauf-Erkrankungen vorzubeugen.
- Wirkt antibakteriell.
- Kann entzündungshemmend wirken.

Praktische Tipps:
Muskatnuss wird am besten frisch gerieben, denn einmal gemahlen, verliert das Gewürz schnell an Aroma. Es passt zu gekochtem Obst, z. B. Apfelkompott, und zu Milchdesserts wie Milchreis, aber auch zu herzhaften Gerichten wie Wild, Fleischsaucen und Currys. Geben Sie etwas Muskatnuss gegen Ende der Garzeit zu Spinat oder Karotten.

SCHON GEWUSST?

In großen Mengen ist Muskatnuss halluzinogen und toxisch, deshalb sollte ein Teelöffel pro Gericht das Maximum sein.

DIE WICHTIGSTEN NÄHRSTOFFE PRO 15 G MUSKATNUSS

Kalorien (kcal)	12
Fett	0,8 g
Eiweiß	Spuren
Kohlenhydrate	1 g
Ballaststoffe	0,5 g
Magnesium	4 mg
Kalium	8 mg
Calcium	4 mg

Vollkorn-Muffins mit Zimt und Muskat

ERGIBT 12 STÜCK (V) (D) (S) (K)

Rapsöl, zum Einfetten (nach Bedarf)
140 g ballaststoffreiche Kleiecerealien
270 ml Magermilch
125 g Weizenvollkornmehl
1 EL Backpulver
½ TL frisch geriebene Muskatnuss
1 TL Zimt
120 g brauner Zucker
70 g Rosinen
2 Eier
6 EL Rapsöl

Zubereitung

1 Den Backofen auf 200 °C vorheizen. Eine Form für 12 Muffins mit Öl einfetten oder mit Papierbackförmchen auskleiden. Zerealien und Milch in eine Schüssel geben, verrühren und 5 Minuten quellen lassen.

2 Unterdessen Mehl, Backpulver, Muskatnuss und Zimt in eine Schüssel sieben. Zucker und Rosinen untermischen.

3 Die Eier leicht verquirlen, dann das Öl unterrühren. Eine Vertiefung in die Trockenzutaten drücken, dann Eier-Öl-Mischung und Zerealienmilch hineingießen. Nach und nach mit den Trockenzutaten zu einem klumpigen Teig mischen; nicht zu lange rühren.

4 Den Teig in die vorbereitete Form füllen und im vorgeheizten Ofen 20 Minuten backen, bis die Muffins aufgegangen und goldbraun sind.

5 Die Muffins 5 Minuten in der Form abkühlen lassen. Entweder warm servieren oder auf einem Kuchengitter erkalten lassen.

86 KURKUMA

Dieses Gewürz hat heilende Eigenschaften, die so effektiv sind wie moderne Medikamente, die bei entzündlichen Erkrankungen wie Arthritis eingesetzt werden.

Das gelbe Gewürzpulver stammt von der orangefleischigen Wurzelknolle einer in Indonesien und Südindien heimischen Pflanze. Ihre ätherischen Öle und der gelborange Farbstoff Curcumin haben sich in ihrer Schutzwirkung vor entzündlichen Erkrankungen als ebenso gut wie moderne Arzneimittel erwiesen. Curcumin ist die wichtigste Substanz in Kurkuma, und in Studien konnte ihr auch ein starker antioxidativer Effekt nachgewiesen werden. Kurkuma kann helfen, Darmkrebs vorzubeugen und das Wachstum von bestimmten Krebszellen (Brust und Prostata) zu blockieren. Die Wirkstoffe unterstützen zudem die Senkung des LDL- und die Erhöhung des HDL-Cholesterinwertes.

- Stark entzündungshemmend.
- Hat antikarzinogene Eigenschaften.
- Verbessert den Cholesterinblutwert.
- Kann den Krankheitsprozess von Alzheimer und Multipler Sklerose verlangsamen.

Praktische Tipps:
Üblicherweise kommt Kurkuma nur als Pulver in den Handel und sollte in luftdichten Behältern aufbewahrt werden. Aus vier Teilen Kurkuma, je einem Teil Chilipulver, gemahlenem Kreuzkümmel und Koriander können Sie Ihre eigene Currypulver-Mischung herstellen. Geben Sie kurz vor Ende der Garzeit etwas Kurkuma zu Linsen, oder rühren Sie für einen gesunden Dipp etwas Kurkuma in Joghurt.

SCHON GEWUSST?

Kurkuma hat ebenso wie Safran stark gelb färbende Eigenschaften und wurde früher auch zum Färben von Stoffen verwendet. Die Farbstoffe sind recht hartnäckig und lassen sich schwer von Haut und Kleidung entfernen.

DIE WICHTIGSTEN NÄHRSTOFFE PRO 15 G KURKUMA

Kalorien (kcal)	24
Fett	0,7 g
Eiweiß	0,5 g
Kohlenhydrate	4,4 g
Ballaststoffe	1,4 g
Folsäure	225 µg
Magnesium	13 mg
Kalium	172 mg
Eisen	2,8 mg

Joghurtsuppe mit Kurkuma

FÜR 4–6 PERSONEN (V) (D) (K) (E)

50 g Kichererbsenmehl
1 TL Kurkuma
¼ TL Chilipulver
½ TL Salz
440 g fettarmer Naturjoghurt
2 EL Erdnussöl
750 ml Wasser

Zum Garnieren

½ EL Erdnussöl
¾ TL Kreuzkümmelsamen
½ TL schwarze Senfkörner
½ TL Bockshornkleesamen
4–6 frische rote Chillies (je nach Personenzahl)

Zubereitung

1 Kichererbsenmehl, Kurkuma, Chilipulver und Salz in einer großen Schüssel mischen. Den Joghurt mit einem Schneebesen oder einer Gabel unterrühren, bis die Masse klümpchenfrei ist.

2 Das Öl in einem schweren Topf erhitzen. Joghurtmischung und Wasser bei mittlerer bis starker Hitze einrühren und zum Kochen bringen. Die Hitze auf sehr kleine Stufe reduzieren und die Suppe unter häufigem Rühren etwa 8 Minuten köcheln lassen, bis sie etwas eindickt.

3 Für die Garnierung das Öl in einer kleinen Pfanne erhitzen. Kreuzkümmel, Senfkörner und Bockshornklee zugeben und rühren, bis die Samen zu springen beginnen. Die Chillies zufügen, die Pfanne vom Herd nehmen und etwa 30 Sekunden rühren, bis die Chillies Blasen werfen (falls die Früchte ganz frisch sind, können sie aufplatzen und springen; halten Sie also Abstand). Die Suppe in vorgewärmte Schalen füllen, die angebratenen Gewürze samt Öl darauf verteilen und sofort servieren.

6

Nüsse, Saaten & Öle

Nüsse, Saaten und Pflanzenöle sind reich an Eiweiß, essenziellen Fettsäuren und Mineralien. Ersetzen Sie raffinierte nährstoffarme Öle durch gesündere Alternativen, und essen Sie Nüsse und Saaten pur als schnellen Snack, im Frühstücksmüsli, oder geben Sie sie für mehr Biss in ein Wok-Gericht.

(V) Für Vegetarier geeignet

(D) Geeignete Diätkost

(S) Für Schwangere geeignet

(K) Für Kinder über 5 Jahre geeignet

(E) Einfach und schnell

87

ERDNÜSSE

Erdnüsse sind reich an Antioxidantien und Vitamin E. Sie tragen zur Verbesserung der Cholesterinwerte im Blut bei und können helfen, Schlaganfällen vorzubeugen.

Erdnüsse enthalten viele antioxidative Polyphenole wie blutverdünnende Cumarinsäure und Resveratrol, das vor Arteriosklerose schützen kann. Darüber hinaus steckt in Erdnüssen viel Vitamin E, dessen antioxidative Wirkung die Gesundheit von Herz und Blutgefäßen sowie die Gehirnleistung beeinflusst und vor Schlaganfällen, Herzbeschwerden und Tumoren schützt. Erdnüsse enthalten vor allem einfach ungesättigte Fettsäuren, die sich positiver auf den Cholesterinwert auswirken als mehrfach gesättigte. Sie sind eine gute Quelle für die stimmungsaufhellenden Aminosäuren Tryptophan und L-Tyrosin. Letztere fördert auch die Gehirnleistung.

- Reich an Antioxidanzien, die vor Herzerkrankungen schützen.
- Hoher Gehalt an Aminosäuren, die Stimmung und Gehirnleistung verbessern.
- Enthalten Phytosterole, die vor Darmkrebs schützen können.
- Reich an einfach ungesättigten Fettsäuren für ein gesundes Herz.

Praktische Tipps:
Erdnüsse sollten möglichst in der Schale oder wenigstens mit Haut gekauft werden, denn so halten sie länger. Greifen Sie zu ungesalzenen Erdnüssen; bewahren Sie sie im Kühlschrank auf, denn aufgrund des hohen Ölgehalts werden sie bei Zimmertemperatur relativ schnell ranzig. Stellen Sie Ihre eigene, gesunde Erdnussbutter her, indem Sie Erdnüsse mit so viel Erdnussöl im Mixer verarbeiten, bis die Masse eine streichfähige Konsistenz hat.

SCHON GEWUSST?

Erdnüsse sind eigentlich gar keine Nüsse, sondern gehören wie Erbsen und Linsen zu den Hülsenfrüchten.

DIE WICHTIGSTEN NÄHRSTOFFE PRO 30 G ERDNÜSSE

Kalorien (kcal)	170
Fett	14,7 g
Eiweiß	7,7 g
Kohlenhydrate	4,8 g
Ballaststoffe	2,5 g
Folsäure	72 µg
Vitamin B3	3,6 mg
Vitamin E	2,5 mg
Calcium	28 mg
Kalium	212 mg
Magnesium	50 mg
Eisen	1,4 mg
Zink	1 mg

Scharfes Hühnchen mit Erdnüssen

FÜR 4 PERSONEN (D) (K)

2 EL Sojasauce
1 TL Chilipulver
350 g Hähnchenbrustfilet, in Stücke geschnitten
5 EL Erdnussöl, plus eventuell etwas mehr
1 Knoblauchzehe, fein gehackt
1 TL frisch geriebener Ingwer
3 Schalotten, in feine Streifen geschnitten
225 g Karotten, in feine Scheiben geschnitten
1 TL Weißweinessig
1 Prise Zucker
100 g geröstete Erdnüsse
frischer Koriander, zum Garnieren
gekochter Reis, zum Servieren

Zubereitung

1 Sojasauce und Chilipulver in einer Schüssel verrühren. Die Hähnchenstücke darin wenden. Mit Frischhaltefolie abgedeckt 30 Minuten im Kühlschrank marinieren.

2 4 Esslöffel Öl in einer Pfanne erhitzen. Die Hähnchenstücke darin bei mittlerer bis starker Hitze anbraten, bis sie gebräunt und durchgegart sind. Aus der Pfanne nehmen und warm halten.

3 Falls nötig, noch etwas mehr Öl in die Pfanne geben. Knoblauch, Ingwer, Schalotten und Karotten zugeben und 2–3 Minuten unter Rühren andünsten.

4 Das Fleisch zurück in die Pfanne geben und unter Rühren wieder erhitzen. Essig, Zucker und Erdnüsse zugeben und mit dem restlichen Öl beträufeln. Mit Koriander garnieren und mit gekochtem Reis sofort servieren.

88

CASHEWKERNE

Cashewkerne sind reich an einfach ungesättigten Fettsäuren und tragen zur Herzgesundheit bei. Darüber hinaus besitzen sie viele Mineralien.

Cashewkerne sind etwas fettärmer als alle anderen Nussarten und eigenen sich so auch für Diätkost. Der Großteil dieser Fette sind gesunde, einfach ungesättigte Fettsäuren (wie in Olivenöl), die unter anderem vor Herz- und Gefäßkrankheiten schützen. Cashewkerne enthalten auch viele wichtige Mineralien wie Magnesium für starke Knochen und für ein gesundes Herz, Zink zur Verbesserung des Immunsystems sowie Eisen für gesundes Blut und den Energiestoffwechsel. Man nimmt an, dass Cashewkerne, wie andere Nüsse auch, Schutz vor Herz-Kreislauf-Erkrankungen bieten. Menschen, die regelmäßig Nüsse essen, sterben seltener an diesen Krankheien als Menschen, die nie Nüsse konsumieren.

- Regelmäßiger Verzehr wird mit einem erheblich geringeren Risiko für Herz-Kreislauf-Erkrankungen in Zusammenhang gebracht.
- Gute Quelle für gesunde, einfach ungesättigte Fettsäuren zur Krankheitsvorbeugung.
- Guter Lieferant für B-Vitamine für eine verbesserte Gehirnleistung und mehr Energie.
- Reich an Zink für ein starkes Immunsystem.

Praktische Tipps:
Kaufen Sie geschälte ganze Nüsse, und lagern Sie sie im Kühlschrank. Gemischt mit getrockneten Aprikosen sind Cashewkerne ein sehr gesunder mineralreicher Snack. Cashewkerne verleihen einer Gemüsepfanne mehr Biss und machen sie noch gesünder.

SCHON GEWUSST?

Bei der kommerziellen Röstung gehen die wertvollen Eigenschaften der einfach ungesättigten Fettsäuren verloren. Rösten Sie die Nüsse schonend selber 20 Minuten bei niedriger Backofenhitze.

DIE WICHTIGSTEN NÄHRSTOFFE PRO 30 G CASHEWKERNE

Kalorien (kcal)	166
Fett	13 g
Eiweiß	5,5 g
Kohlenhydrate	9 g
Ballaststoffe	1 g
Vitamin B1	0,1 mg
Vitamin B3	0,3 mg
Vitamin B6	0,12 mg
Kalium	198 mg
Magnesium	88 mg
Eisen	2 mg
Zink	1,7 mg
Selen	6 µg

Süßsaure Gemüsepfanne mit Cashewkernen

FÜR 4 PERSONEN (V) (D) (K) (E)

1 EL Erdnussöl
1 TL Chiliöl
2 Zwiebeln, in Ringe geschnitten
2 Karotten, in feine Scheiben geschnitten
2 Zucchini, in feine Scheiben geschnitten
120 g Brokkoli, in kleine Röschen zerteilt
120 g kleine Shiitake-Pilze oder kleine Champignons, halbiert
120 g Mini-Pak-Choi, halbiert
1 gehäufter EL brauner Zucker
2 EL helle Sojasauce
1 EL Reisessig
50 g Cashewkerne, geröstet

Zubereitung

1 Beide Öle in einer großen Pfanne erhitzen. Die Zwiebeln darin bei mittlerer Hitze 1–2 Minuten andünsten.
2 Karotten, Zucchini und Brokkoli zugeben und 2–3 Minuten unter Rühren andünsten. Pilze, Pak Choi, Zucker, Sojasauce und Essig zufügen und 1–2 Minuten pfannenrühren.
3 Mit den Cashewkernen bestreuen und sofort servieren.

89 MANDELN

Der hohe Vitamin-E-Gehalt in Mandeln bietet Schutz vor Krebs, Herzerkrankungen, Herz- und Schlaganfällen, Arthritis, Unfruchtbarkeit und Hautproblemen.

Mandeln sind die Kerne einer Steinfrucht, die mit Aprikosen und Pflaumen verwandt ist. Sie sind reich an einfach ungesättigten Fettsäuren, und aufgrund ihres hohen Fettgehalts brauchen sie lange, um verdaut zu werden. Dies sorgt für ein längeres Sättigungsgefühl und hilft Menschen, die auf ihr Gewicht achten. Mandeln enthalten sehr viel Vitamin E, das vor Krebs und Herz-Kreislauf-Erkrankungen schützt, bei Arthritisbeschwerden hilft und für schöne Haut sorgt. Es kann auch die männliche Fruchtbarkeit steigern. Mandeln beinhalten sehr viel Calcium, was sie für Veganer und Menschen, die auf Milchprodukte verzichten (müssen), besonders geeignet macht.

- Überaus sättigend und somit blutzuckerregulierend.
- Reich an antioxidativem Vitamin E.
- Sehr guter Calciumlieferant.
- Reich an einfach ungesättigten Fettsäuren für ein gesundes Herz und gesunde Gefäße.

Praktische Tipps:
Kaufen Sie ganze Mandeln in der Schale oder zumindest in der braunen Haut, so halten sie sich länger als abgezogene, gehackte oder gehobelte. Die Kerne sollten kühl, dunkel und trocken gelagert werden; der Kühlschrank ist ideal. Mandeln passen ausgezeichnet zu Aprikosen, Pfirsichen, Hühnchen, Reis und roter Paprika.

SCHON GEWUSST?

Neben Süßmandeln gibt es eine weitere, allerdings ungenießbare Mandelart: die Bittermandel. Sie enthält Amygdalin, das im Körper zu hochgiftiger Blausäure zersetzt wird.

DIE WICHTIGSTEN NÄHRSTOFFE PRO 30 G MANDELN

Kalorien (kcal)	174
Fett	15 g
Eiweiß	6,6 g
Kohlenhydrate	6 g
Ballaststoffe	3 g
Vitamin B3	1 mg
Vitamin E	7,4 mg
Calcium	65 mg
Kalium	206 mg
Magnesium	43 mg
Eisen	1 mg
Zink	1 µg

Mandel-Bananen-Smoothie

FÜR 3–4 PERSONEN (V) (S) (K) (E)

120 g Mandeln, abgezogen
625 ml Sojamilch
2 reife Bananen, halbiert
5 Tropfen Vanillearoma
Zimt, zum Bestäuben

Zubereitung

1 Die Mandeln im Mixer sehr fein mahlen. Sojamilch, Bananen und Vanillearoma zugeben und glatt und cremig mixen.

2 Den Smoothie in hohe Gläser füllen, mit Zimt bestäuben und sofort servieren.

90 PARANÜSSE

Diese Nüsse enthalten viel antioxidatives, antikarzinogenes Selen. Ihr Calcium- und Magnesiumgehalt ist ebenfalls recht hoch und sorgt für gesunde Knochen.

Paranüsse enthalten sehr viel Fett, wovon das meiste aus einfach ungesättigten Fettsäuren besteht. Doch findet man auch eine beachtliche Menge an mehrfach ungesättigten Fettsäuren wie die essenzielle Linolsäure, die zur Gruppe der Omega-6-Fettsäuren gehört. Bei zu starker Erhitzung oxidieren diese Fette und verlieren ihren gesundheitlichen Nutzen. Deshalb sollten Paranüsse vorzugsweise roh verzehrt werden. Sie verfügen über ungewöhnlich viel Selen, das zum Schutz vor altersbedingten Erkrankungen beitragen kann. Paranüsse sind außerdem eine gute Magnesium- und Calciumquelle.

- Extrem hoher Selengehalt, ein Spurenelement, das über die moderne Ernährung häufig zu wenig zugeführt wird.
- Antioxidative, antikarzinogene und Anti-Aging-Wirkung.
- Hoher Magnesium- und Calciumgehalt sorgt für ein gesundes Herz und stabile Knochen.
- Guter Vitamin-E-Lieferant für eine gesunde Haut und gute Wundheilung.

Praktische Tipps:
Bewahren Sie Paranüsse in der Schale an einem kühlen, trockenen und dunklen Ort auf – so halten sie sich bis zu 6 Monate. Durch ihren hohen Fettanteil werden geschälte Paranüsse schnell ranzig, sie sollten daher im Kühlschrank gelagert und innerhalb weniger Wochen verzehrt werden.

SCHON GEWUSST?

Paranüsse sind eigentlich gar keine Nüsse, sondern die Samen der harten Früchte des im Amazonasgebiet beheimateten Paranussbaumes, die so groß wie Kokosnüsse werden können.

DIE WICHTIGSTEN NÄHRSTOFFE PRO 30 G PARANÜSSE

Kalorien (kcal)	197
Fett	19,9 g
Eiweiß	4,3 g
Kohlenhydrate	3,7 g
Ballaststoffe	2,3 g
Vitamin E	1,7 mg
Calcium	48 mg
Kalium	198 mg
Magnesium	113 mg
Zink	1,2 mg
Selen	575 µg

Knabbermix

ERGIBT 700 G (V) (S) (K) (E)

100 g getrocknete Aprikosen
100 g getrocknete Cranberrys
100 g Cashewkerne, geröstet
130 g Haselnusskerne
60 g Paranusskerne, halbiert
60 g Mandelblättchen
4 EL geröstete Kürbiskerne
4 EL Sonnenblumenkerne
4 EL geröstete Pinienkerne

Zubereitung

1 Alle Zutaten in einen luftdichten Behälter geben und den Deckel schließen. Den Behälter schütteln und drehen, damit die Zutaten gut gemischt werden. Vor jeder Entnahme nochmals kurz schütteln. Den Behälter immer gut schließen; so hält sich der Knabbermix bis zu 2 Wochen.

91 WALNÜSSE

Walnüsse sind reich an Omega-3-Fettsäuren. Sie helfen, Herzerkrankungen, Tumoren, Arthritis, Hautproblemen oder Erkrankungen des Nervensystems vorzubeugen.

Im Gegensatz zu den meisten anderen Nüssen haben Walnüsse wesentlich mehr mehrfach als einfach ungesättigte Fettsäuren, hauptsächlich in Form der essenziellen Omega-3-Fettsäure Alpha-Linolsäure. Bereits 30 g Walnüsse liefern mehr als die empfohlene Tagesdosis. Eine erhöhte und ausgeglichene Zufuhr von Omega-Fettsäuren hat sich als Schutz vor Alterungserscheinungen, Herz-Kreislauf-Erkrankungen, Krebs, Arthritis, Hautproblemen und Erkrankungen des Nervensystems erwiesen. Für Menschen, die keinen Fisch und Fischöle essen, ist die Zufuhr von Omega-3-Fettsäuren über andere Quellen wie Walnüsse, Leinsaat oder Soja umso wichtiger.

- Liefert gute Mengen an Ballaststoffen und B-Vitaminen.
- Reich an Omega-3-Fettsäuren und Antioxidantien für den Gesundheitsschutz.
- Gute Quelle für viele wichtige Mineralien.
- Können Cholesterinspiegel und Blutdruck senken sowie die Elastizität der Blutgefäße erhöhen.

Praktische Tipps:
Der hohe Gehalt an mehrfach ungesättigten Fettsäuren lässt die Kerne schnell ranzig werden. Walnüsse sollten daher in der Schale gekauft, kühl gelagert und zügig konsumiert werden. Sehen Sie auch vom Kauf von gehackten Nüssen ab: Das Hacken der Nüsse beschleunigt die Oxidation der Inhaltstoffe.

SCHON GEWUSST?

Der Echte Walnussbaum (*Juglans regia*) wird bis zu 100 Jahre alt, und in guten Erntejahren liefert ein großer Baum einen Ertrag von bis zu 150 kg Nüssen.

DIE WICHTIGSTEN NÄHRSTOFFE PRO 30 G WALNÜSSE

Kalorien (kcal)	196
Fett	19,5 g
Eiweiß	4,5 g
Kohlenhydrate	4 g
Ballaststoffe	2 g
Vitamin B3	0,3 mg
Vitamin B6	0,16 mg
Calcium	29 mg
Kalium	132 mg
Magnesium	47 mg
Eisen	0,9 mg
Zink	0,9 mg

Walnuss-Saaten-Brot

ERGIBT 2 LAIBE (V) (D) (S) (K)

800 g Weizenvollkornmehl
100 g Weizenmehl Type 550, plus etwas mehr zum Bestäuben
2 EL Sesamsaat
2 EL Sonnenblumenkerne
2 EL Mohnsaat
125 g Walnusskerne, gehackt
2 TL Salz
2 Tütchen Trockenhefe
2 EL Oliven- oder Walnussöl
750 ml lauwarmes Wasser
1 EL Rapsöl, zum Einfetten

Zubereitung

1 Beide Mehle, Sesam, Sonnenblumenkerne, Mohn, Walnüsse, Salz und Hefe in einer großen Schüssel mischen. Öl und nach und nach das Wasser einarbeiten, bis ein weicher Teig entstanden ist. Auf einer leicht bemehlten Arbeitsfläche 5–7 Minuten kneten, bis der Teig glatt und elastisch ist.

2 Den Teig wieder in die Schüssel geben und abgedeckt mit einem feuchten Tuch an einem warmen Ort 1–1½ Stunden gehen lassen, bis sich das Teigvolumen verdoppelt hat. Den Teig auf einer leicht bemehlten Arbeitsfläche nochmals 1 Minute durchkneten.

3 2 kleinere Kastenformen sorgfältig mit Öl einfetten. Den Teig halbieren. Die beiden Hälften zu Rechtecken ausrollen, die so lang sind wie eine Form und 3-mal so breit. Die beiden äußeren Drittel der Rechtecke über das mittlere klappen und den Teig mit der Kante nach unten in die Form legen.

4 Abgedeckt nochmals etwa 30 Minuten an einem warmen Ort gehen lassen, bis der Teig zum Rand der Form aufgegangen ist.

5 Inzwischen den Backofen auf 230 °C vorheizen. Die Brote 25–30 Minuten auf der mittleren Schiene im Ofen backen, bis sie goldbraun sind und beim Daraufklopfen hohl klingen. Wenn die Brote zu schnell bräunen, die Temperatur auf 220 °C reduzieren. Auf einem Kuchengitter auskühlen lassen.

92 PISTAZIEN

Diese grünen Nüsse sind reich an Pflanzensterolen und löslichen Ballaststoffen, die cholesterinsenkend wirken und vor Krebs schützen können.

Pistazien sind mittlerweile in jedem Supermarkt erhältlich und ein vorzüglicher Beitrag zu einer gesunden Ernährung. Sie sind reich an Beta-Sitosterolen, die cholesterinsenkend wirken und vor Krebserkrankungen bewahren können. Sie liefern außerdem viele Ballaststoffe, die ebenfalls cholesterinregulierend sind und vor bestimmten Tumorarten und Verdauungsproblemen wie Verstopfung oder Reizdarm schützen können. Die Nüsse enthalten auch einige Mineralien sowie B-Vitamine und sind eine gute Eiweißquelle. Im Vergleich zu anderen Nüssen sind sie etwas fettärmer.

- Hoher Gehalt an Sterolen, die den Cholesterinspiegel senken und vor Krebs schützen können.
- Reich an Kalium zur Blutdrucksenkung und Entwässerung.
- Enthalten reichlich Ballaststoffe für eine Verbesserung der Verdauung und des Cholesterinspiegels im Blut.
- Unterstützen die Regulierung des Blutzuckerspiegels und helfen so Diabetikern und Menschen mit Insulinresistenz.

Praktische Tipps:
Pistazien sind eine gesunde Knabberei. Die Schalen lassen sich leicht aufbrechen, und die braune Haut sollte mit verzehrt werden, denn auch sie enthält Ballast- und Nährstoffe. Geben Sie Pistazienkerne in Salate, ins Frühstücksmüsli, oder verarbeiten Sie sie in Füllungen.

SCHON GEWUSST?

Pistazien enthalten Carotinoide, die für die leuchtend grüne Farbe der kleinen Nüsse verantwortlich sind.

DIE WICHTIGSTEN NÄHRSTOFFE PRO 30 G PISTAZIEN

Kalorien (kcal)	167
Fett	13,5 g
Eiweiß	6 g
Kohlenhydrate	8,5 g
Ballaststoffe	3 g
Vitamin B3	0,4 mg
Vitamin B6	0,5 mg
Calcium	32 mg
Kalium	308 mg
Magnesium	36 mg
Eisen	1,2 mg
Zink	0,7 mg
Betacarotin	100 µg

Hühnchen mit Pistazien

FÜR 4 PERSONEN (D)

60 ml Hühnerbrühe
2 EL helle Sojasauce
2 EL trockener Sherry
3 TL Speisestärke
1 Eiweiß, verquirlt
1 Prise Salz
3 EL Erdnussöl, plus etwas mehr, falls nötig
450 g Hähnchenbrustfilets, in Streifen geschnitten
450 g Pilze, in Scheiben geschnitten
1 Brokkoli, in kleine Röschen zerteilt
150 g Bohnensprossen
100 g Wasserkastanien aus der Dose, abgetropft und in feine Scheiben geschnitten
150 g Pistazienkerne, plus 1 EL zum Garnieren
gekochter Reis, zum Servieren

Zubereitung

1 Hühnerbrühe, Sojasauce, Sherry und 1 Teelöffel Speisestärke in einer Schüssel verrühren.

2 Eiweiß, Salz, 2 Esslöffel Öl und restliche Speisestärke in einer Schüssel verrühren. Die Hähnchenstreifen untermischen.

3 Einen großen Wok auf starker Stufe 30 Sekunden erhitzen. Das restliche Öl darin verteilen und 30 Sekunden erhitzen. Das Fleisch portionsweise darin unter Rühren goldbraun anbraten. Aus dem Wok nehmen, auf Küchenpapier abtropfen lassen und warm halten.

4 Falls nötig, weiteres Öl in den Wok gießen. Die Pilze darin unter Rühren kurz anbraten. Dann den Brokkoli zufügen und weitere 2–3 Minuten pfannenrühren.

5 Die Hähnchenstreifen zusammen mit Sprossen, Wasserkastanien und Pistazien wieder in den Wok geben und rühren, bis alle Zutaten heiß sind. Mit der Hühnerbrühe ablöschen und unter Rühren einkochen. Auf einem Reisbett anrichten, mit den Pistazien zum Garnieren bestreuen und sofort servieren.

93

PINIENKERNE

Pinienkerne sind eine gute Quelle für gesundheitlich wertvolle Omega-3-Fettsäuren und enthalten zudem viel Vitamin E, Zink und cholesterinsenkende Phytosterole.

Pinienkerne werden von verschiedenen Arten des Pinienbaumes geerntet. Sie haben in etwa dasselbe Nährstoffprofil, auch wenn die längeren asiatischen Kerne fetthaltiger sind. Pinienkerne sind reich an mehrfach ungesättigten Omega-6-Fettsäuren, enthalten aber auch einige seltenere Omega-3-Fettsäuren, die bedeutsam für die Herzgesundheit und die Gehirnleistung sind. Darüber hinaus stecken in Pinienkernen viel Vitamin E und Zink – zwei Antioxidantien, die mit für eine gesunde Herztätigkeit, ein starkes Immunsystem und verbesserte Fruchtbarkeit sorgen – ebenso wie Sterole und Stanole, sekundäre Pflanzenstoffe, die cholesterinsenkend wirken können.

- Enthalten viele Omega-6- und einige Omega-3-Fettsäuren.
- Enthalten Phytosterole mit cholesterinsenkender und immunstärkender Wirkung.
- Reich an Zink und Vitamin E.
- Gute Quelle für viele Mineralien und Ballaststoffe.

Praktische Tipps:
Pinienkerne werden schnell ranzig, deshalb sollten sie nur in kleinen Mengen gekauft, im Kühlschrank aufbewahrt und innerhalb weniger Wochen aufgebraucht werden. Sie passen gut zu Spinat, kräftigem Käse, Rosinen und Fettfisch. Besonders gut schmecken die Kerne, wenn sie in einer Pfanne trocken leicht geröstet werden. Achten Sie darauf, dass sie nicht zu dunkel werden, sonst oxidieren die wertvollen Inhaltstoffe. Pinienkerne werden am besten roh verzehrt.

SCHON GEWUSST?

Die Forschung hat gezeigt, dass Pinienkerne bereits im Mittelpaläolithikum, also vor rund 40 000 Jahren, auf dem Speiseplan standen.

DIE WICHTIGSTEN NÄHRSTOFFE PRO 15 G PINIENKERNE

Kalorien (kcal)	101
Fett	10 g
Eiweiß	2 g
Kohlenhydrate	2 g
Ballaststoffe	0,6 g
Vitamin E	1,4 mg
Kalium	90 mg
Magnesium	38 mg
Eisen	0,8 mg
Zink	1 mg

Gemüse-Couscous mit gerösteten Pinienkernen

FÜR 4 PERSONEN (V) (D) (S) (K)

150 g grüne Linsen
75 g Pinienkerne
1 EL Olivenöl
1 Zwiebel, gewürfelt
2 Knoblauchzehen, zerdrückt
300 g Zucchini, in Scheiben geschnitten
250 g Tomaten, gewürfelt
400 g Artischockenherzen aus der Dose, abgetropft und längs halbiert
200 g Couscous
500 ml Gemüsebrühe
3 EL frisch zerpflücktes Basilikum, plus einige Blätter zum Garnieren
Pfeffer

Zubereitung

1 Die Linsen in einem Topf mit reichlich kaltem Wasser bedecken, zum Kochen bringen und 10 Minuten sprudelnd kochen. Dann die Hitze reduzieren und bei geschlossenem Deckel 30 Minuten gar köcheln lassen.

2 Inzwischen eine beschichtete Pfanne bei mittlerer Hitze auf den Herd stellen. Die Pinienkerne darin unter häufigem Rütteln 3–4 Minuten leicht anrösten, bis sie goldgelb sind. In eine Schale füllen.

3 Nun das Öl in der Pfanne erhitzen. Zwiebel, Knoblauch und Zucchini darin bei mittlerer Hitze unter häufigem Rühren 8–10 Minuten anbraten, bis die Zucchini leicht gebräunt sind. Tomaten und Artischocken zufügen und 5 Minuten erhitzen.

4 Inzwischen den Couscous in eine hitzebeständige Schüssel geben. Die Brühe zum Kochen bringen und darübergießen. Abgedeckt 10 Minuten quellen lassen, bis die Brühe vollständig aufgesogen und der Couscous weich ist.

5 Die Linsen abtropfen lassen und mit dem Basilikum unter den Couscous mischen. Großzügig mit Pfeffer würzen. Den Couscous in eine vorgewärmte Servierschüssel füllen und das Gemüse darübergeben. Mit den Pinienkernen bestreuen und mit dem Basilikum garnieren. Sofort servieren.

94

HASELNÜSSE

Diese Nüsse sind besonders reich an Kalium, das wichtig für die Entwässerung und zur Blutdruckregulierung ist.

Haselnüsse sind eine gute Quelle für Eiweiß und einfach ungesättigte Fettsäuren, mit denen sich der schlechte LDL-Cholesterinwert senken und der gute HDL-Wert leicht erhöhen lässt. Die Nüsse enthalten viel Beta-Sitosterol, eine Substanz, die bei Prostatavergrößerung helfen kann und auch eine cholesterinsenkende Wirkung hat. In Haselnüssen steckt sehr viel Vitamin E, ein Antioxidans, das Haut und Herz gesund hält und das Immunsystem stärken kann. Der hohe Kaliumgehalt kann Menschen mit Bluthochdruck helfen und wirkt leicht abführend. Das in den Nüssen vorhandene Magnesium ist wichtig für eine gesunde Herztätigkeit und stabile Knochen.

- Reich an Beta-Sitosterol, das gut für die Prostata ist.
- Enthalten viele einfach ungesättigte Fettsäuren, die eine cholesterinregulierende Wirkung haben.
- Hoher Gehalt an antioxidativem Vitamin E.
- Guter Ballaststofflieferant zur Senkung des Cholesterinspiegels und für eine rege Verdauung.

Praktische Tipps:
Haselnüsse halten sich sehr viel besser als andere Nussarten, da ihr hoher Vitamin-E-Gehalt als Konservierungsmittel wirkt. Kaufen Sie besser ganze Nüsse als gehackte oder gemahlene, um viele Inhaltstoffe zu erhalten. Bewahren Sie sie im Kühlschrank auf. Haselnüsse sind ein köstlicher Snack und schmecken in Salaten, Wokgerichten, im Frühstücksmüsli oder in Desserts.

SCHON GEWUSST?

Die heute im Handel erhältlichen Haselnüsse stammen meist von der Lamberthasel.

DIE WICHTIGSTEN NÄHRSTOFFE PRO 30 G HASELNÜSSE

	188
Fett	18,2 g
Eiweiß	4,5 g
	5 g
Ballaststoffe	2,9 g
Folsäure	34 µg
Vitamin B3	0,5 mg
Vitamin B6	0,16 mg
Vitamin E	4,5 mg
Kalium	204 mg
Magnesium	49 mg
Eisen	1,4 mg
Zink	0,7 mg

Gemüse-Haselnuss-Braten

ERGIBT 1 LAIB (V) (D) (S) (K)

2 EL Rapsöl, plus etwas mehr zum Einfetten
1 Zwiebel, gehackt
1 Knoblauchzehe, fein gehackt
2 Selleriestangen, gehackt
1 EL Mehl
200 g passierte Tomaten
160 g frische Vollkorn-Semmelbrösel
2 Karotten, geraspelt
130 g Haselnüsse, geröstet und gemahlen
1 EL dunkle Sojasauce
2 EL frisch gehackter Koriander
1 Ei, leicht verquirlt
Salz und Pfeffer
gemischter Salat, zum Servieren

Zubereitung

1 Den Backofen auf 180 °C vorheizen. Eine kleine Kastenform einfetten und mit Backpapier auslegen. Das Öl in einer Pfanne erhitzen. Die Zwiebel darin bei mittlerer Hitze unter häufigem Rühren 5 Minuten weich dünsten. Knoblauch und Sellerie zufügen und unter häufigem Rühren 5 Minuten dünsten. Das Mehl einstreuen und unter Rühren 1 Minute anschwitzen. Nach und nach die passierten Tomaten einrühren und weitergaren, bis die Masse eingedickt ist. Die Pfanne vom Herd nehmen.

2 Semmelbrösel, Karotten, Haselnüsse, Sojasauce und Koriander in einer Schüssel mischen und die Tomatenmasse sorgfältig unterrühren. Etwas abkühlen lassen, dann das Ei einarbeiten und mit Salz und Pfeffer würzen.

3 Die Masse in die vorbereitete Form füllen und die Oberfläche glatt streichen. Mit Alufolie abdecken und im vorgeheizten Ofen 1 Stunde backen. Den Braten auf eine vorgewärmte Servierplatte stürzen und sofort mit einem gemischten Salat servieren. Alternativ den Braten in der Form erkalten lassen.

95

SESAM

Die lignanhaltigen Ballaststoffe des Sesams haben eine cholesterinsenkende Wirkung. Überdies besitzen die Samen entzündungshemmende Eigenschaften.

Sesam enthält die Faserstoffe Sesamin und Sesamolin, die zu den Lignanen zählen. Diese agieren cholesterin- und blutdruckregulierend. Sesamin ist ein starkes Antioxidans und hat sich als Schutz vor Leberschädigungen erwiesen. Die in Sesam enthaltenen Phytosterole haben ebenfalls eine cholesterinsenkende Wirkung. Die Samen sind reich an Kupfer, das aufgrund seiner entzündungshemmenden Eigenschaften bei Arthritis schmerzstillend und schwellungshemmend wirkt. Sesam enthält außerdem größere Mengen an Eisen, Zink, Calcium und Kalium.

- Gute Quelle für Pflanzenfasern und Sterole zur Cholesterinsenkung.
- Liefert das antioxidative Lignan Sesamin.
- Hoher Eisen- und Zinkgehalt.
- Enthält größere Mengen an Calcium – vorteilhaft bei einer milchfreien Ernährung.

Praktische Tipps:
Sesam sollte an einem kühlen, dunklen Ort in einem luftdichten Behälter aufbewahrt werden. Er kann roh oder bei niedriger Backofenhitze leicht geröstet verspeist werden. Zu heißes und zu langes Rösten zerstört die gesunden Fettsäuren. Streuen Sie vor dem Servieren etwas Sesam über Gemüse wie Brokkoli oder Spinat, oder geben Sie es in einen Körner- und Saatenmix. Sesamöl eignet sich gut für Wokgerichte und ist die Grundlage von Tahini, einer Sesampaste, mit der sich Hummus und andere Dips verfeinern lassen.

SCHON GEWUSST?

Sesamsaat gibt es in unterschiedlichen Farben, darunter Cremeweiß, Braun, Rot und Schwarz. Je dunkler die Farbe, desto kräftiger das Aroma.

DIE WICHTIGSTEN NÄHRSTOFFE PRO 15 G SESAM

Kalorien (kcal)	85
Fett	7,2 g
Eiweiß	2,5 g
Kohlenhydrate	3,9 g
Ballaststoffe	2,5 g
Folsäure	14 µg
Vitamin B3	0,8 mg
Calcium	20 mg
Kalium	61 mg
Magnesium	52 mg
Eisen	1,2 mg
Zink	1,5 mg

Wokgemüse mit Tofu und Sesam

FÜR 2–3 PERSONEN (V) (D) (K) (E)

1 EL geröstetes Sesamöl
2 EL Erdnussöl
200 g kleine Shiitake-Pilze
2 Pak Choi, Blätter ganz, Stiele in Streifen geschnitten
150 g Zuckererbsen, diagonal halbiert
250 g fester Tofu, gewürfelt
3-cm-Stück Ingwerwurzel, in feine Scheiben geschnitten
2 Knoblauchzehen, fein gehackt
1 EL helle Sojasauce
1 TL Sesamsaat
Pfeffer
gekochte chinesische Eiernudeln, zum Servieren

Zubereitung

1 Einen großen Wok auf starker Stufe 30 Sekunden erhitzen. Die beiden Öle hineingeben, durch Schwenken darin verteilen und 30 Sekunden erhitzen. Pilze, Pak-Choi-Stiele und Zuckererbsen darin 1 Minute unter Rühren anbraten.

2 Tofuwürfel, Pak-Choi-Blätter, Ingwer, Knoblauch und einen Spritzer Wasser zufügen und 1–2 Minuten pfannenrühren, bis die Blätter zusammenfallen.

3 Die Sojasauce unterrühren. Mit Sesam bestreuen und mit Pfeffer würzen. Sofort mit gekochten Nudeln servieren.

96 KÜRBISKERNE

Die Kerne besitzen viel Zink und stimulieren so das Immunsystem und die Fruchtbarkeit. Auch sind sie reich an Sterolen, die vor hormonbedingten Krebsarten schützen.

Kürbiskerne sind nährstoffreich, und selbst in kleinen Mengen stellen sie reichlich Mineralien, vor allem Zink und Eisen, zur Verfügung – was sie zu einer besonders geeigneten Zutat für Vegetarier macht. Zink ist ein antioxidatives Spurenelement, das die Abwehrkräfte stärkt, die Fruchtbarkeit bei Männern erhöht und vor Prostatabeschwerden und -krebs schützt. Eisen ist wichtig für die Blutbildung und den Energiestoffwechsel. Die Kerne enthalten zudem Sterole, die den Cholesterinspiegel senken und dazu beitragen können, die Entwicklung von Brust-, Darm- und Prostatatumorzellen zu unterbinden. Daneben enthalten die Kerne einige Omega-3-Fettsäuren, Vitamin E, Folsäure und Magnesium für eine gesunde Herztätigkeit.

- Reich an Zink für bessere Fruchtbarkeit, Immunsystem und Krebsabwehr.
- Reich an Eisen für gesundes Blut und gegen Müdigkeit.
- Können zur Senkung des Cholesterinspiegels beitragen.
- Guter Lieferant für entzündungshemmende und herzschützende Biosubstanzen.

Praktische Tipps:
Kürbiskerne sind roh ungenießbar und im Handel nur geröstet erhältlich. Kauen Sie die Kerne gut, um eine maximale Nährstoffaufnahme zu gewährleisten. Sie schmecken in Salaten, Müsli und Vollkornbroten. Gehackt oder gemahlen können sie mit anderen Zutaten zu vegetarischen Burgern verarbeitet werden.

SCHON GEWUSST?

Wenn Sie Gemüsekürbis zubereiten, werfen Sie die Kerne nicht weg. Sie können sie selbst rösten. Dazu die Kerne waschen, trocknen und in etwas Erdnussöl wenden. Dann auf einem Backblech verteilen und bei kleiner Hitze 20 Minuten im Backofen rösten.

DIE WICHTIGSTEN NÄHRSTOFFE PRO 15 G KÜRBISKERNE

Kalorien (kcal)	81
Fett	6,9 g
Eiweiß	3,7 g
Kohlenhydrate	2,7 g
Ballaststoffe	0,6 g
Vitamin B3	0,3 mg
Kalium	121 mg
Magnesium	80 mg
Eisen	2,2 mg
Zink	1,1 mg

Apfel-Saaten-Müsli

ERGIBT 825 G (V) (D) (S) (K) (E)

50 g Sonnenblumenkerne
50 g Kürbiskerne
100 g Haselnusskerne, abgezogen und grob gehackt
125 g Buchweizenflocken
125 g Reisflocken
125 g Hirseflocken
125 g getrocknete Apfelringe, grob gehackt
125 g getrocknete entsteinte Datteln, grob gehackt

Zubereitung

1 Eine beschichtete Pfanne bei mittlerer Hitze auf den Herd stellen. Sonnenblumen-, Kürbiskerne und Haselnüsse darin 4 Minuten goldgelb rösten. Dabei häufig an der Pfanne rütteln. In eine große Schüssel füllen und auskühlen lassen.

2 Getreideflocken, Äpfel und Datteln zufügen und alle Zutaten sorgfältig vermengen. Das Müsli in einem luftdichten Behälter aufbewahren.

97 SONNEN-BLUMENKERNE

Die kleinen Kerne sind reich an Mineralien und Vitamin E und bieten auch Schutz vor Herz-Kreislauf- und entzündlichen Erkrankungen.

Sonnenblumenkerne, die üblicherweise geschält verkauft werden und eine der weltweit wichtigsten Grundstoffe für pflanzliches Öl darstellen, sind reich an mehrfach ungesättigten Fettsäuren und Vitamin E und agieren als Schutz vor entzündlichen Erkrankungen wie Asthma und rheumatische Arthritis. Darüber hinaus verfügt Vitamin E über eine antioxidative Wirkung: Durch die Bindung von freien Radikalen, welche die Körperzellen schädigen und den Alterungsprozess beschleunigen, trägt es dazu bei, das Risiko für Herz-Kreislauf-Erkrankungen und Darmkrebs zu reduzieren. Sonnenblumenkerne sind reich an Pflanzensterolen, die cholesterinsenkend wirken, und zahlreichen Mineralien wie Eisen, Magnesium und Selen.

- Reich an essenziellen Omega-6-Fettsäuren.
- Sehr hoher Gehalt an wertvollem antioxidativem Vitamin E.
- Enthalten viele Phytosterole mit cholesterinsenkender Wirkung.
- Nährstoff- und mineralreich.

Praktische Tipps:
Die großen Mengen an mehrfach ungesättigten Fettsäuren sind der Grund dafür, dass Sonnenblumenkerne bei zu warmer Lagerung relativ schnell ranzig werden. Geschälte Nüsse und Saaten lassen sich gut einfrieren und bei Zimmertemperatur wieder auftauen. Sonnenblumenkerne schmecken in Salaten, Müsli oder pur als Knabberei.

SCHON GEWUSST?

Die wilde Sonnenblume hat ihre Heimat in Nord- und Mittelamerika. Dort dienten ihre Kerne bereits vor 5000 Jahren als Nahrungsmittel. Heute wird die Sonnenblume überall auf der Welt als Ölpflanze angebaut.

DIE WICHTIGSTEN NÄHRSTOFFE PRO 15 G SONNENBLUMENKERNE

Kalorien (kcal)	86
Fett	7,4 g
Eiweiß	3,4 g
Folsäure	34 µg
Ballaststoffe	1,6 mg
Vitamin B3	0,7 mg
Vitamin E	5 mg
Calcium	17 mg
Kalium	103 mg
Magnesium	53 mg
Selen	9 µg
Eisen	1 mg
Zink	0,8 mg

Muffins mit Sonnenblumenkernen

ERGIBT 12 STÜCK (V) (D) (S) (K)

6 EL Rapsöl, plus etwas mehr zum Einfetten (nach Bedarf)
125 g Weizenvollkornmehl
1 EL Backpulver
100 g brauner Zucker
280 g Haferflocken
100 g Rosinen
130 g Sonnenblumenkerne
2 Eier
250 ml fettarme Milch
5 Tropfen Vanillearoma

Zubereitung

1 Den Backofen auf 200 °C vorheizen. Eine Form für 12 Muffins mit Öl einfetten oder mit Papierbackförmchen auslegen. Mehl und Backpulver in eine große Schüssel sieben. Die im Sieb verbleibende Kleie wieder dazugeben. Zucker, Haferflocken, Rosinen und fast alle Sonnenblumenkerne (zum Bestreuen einige zurückbehalten) untermischen.

2 Die Eier in einem Rührbecher verquirlen und mit Milch, Öl und Vanillearoma verrühren. Eine Vertiefung in die Mitte der Trockenzutaten drücken und die Eiermischung hineingießen. Die Zutaten nach und nach zu einem klumpigen Teig verarbeiten; nicht zu lange rühren.

3 Den Teig in die vorbereitete Form füllen und mit den restlichen Sonnenblumenkernen bestreuen. Im vorgeheizten Ofen etwa 20 Minuten backen, bis die Muffins aufgegangen und goldbraun sind.

4 Die Muffins 5 Minuten in der Form abkühlen lassen, dann entweder warm servieren oder auf einem Kuchengitter erkalten lassen.

98 KAKAOPULVER

Kakaobohnen, die Grundlage für köstliche Schokolade, enthalten Flavonoide, Magnesium und Eisen, die für die Herzgesundheit unentbehrlich sind.

Kakaobohnen sind reich an antioxidativen Flavonoiden, Ballaststoffen und Mineralien. Bei der Verarbeitung von Kakao zu Schokolade entstehen überdies Procyanidine, die entzündungshemmend wirken. Kakao ist koffeinhaltig: 100 g Zartbitterschokolade enthalten so viel Koffein wie eine Tasse Kaffee. Kakaopulver wird in der Regel entölt, weshalb es relativ fettarm, aber immer noch reich an Mineralien und Antioxidantien ist.

- Enthält Antioxidantien, die gerinnungshemmend wirken können und die Cholesterinoxidation verringern.
- Enthält Magnesium für ein gesundes Herz.
- Enthält Eisen zur Blutbildung und für einen guten Energiestoffwechsel.
- Enthält das Stimulans Theobromin, das harntreibend wirkt.

Praktische Tipps:
Je nach Sorte unterscheiden sich Schokoladen stark in ihrem Nährstoffgehalt. Als Grundregel gilt: Je höher der Kakaoanteil, desto mehr Antioxidantien und Mineralien sind enthalten. Kakaobutter enthält sehr viel Fett, davon ein Großteil gesättigte Fettsäuren, weshalb auch dunkle Schokolade nur in Maßen konsumiert werden sollte. Weiße Schokolade besteht nur aus Kakaobutter, Milchbestandteilen, Zucker und Aromastoffen und ist ernährungsphysiologisch deshalb die schlechteste Schokoladenwahl.

SCHON GEWUSST?

Kakaobohnen sind die Samen der Frucht des in Süd- und Mittelamerika heimischen Kakaobaumes. Sie gelangten nach der Entdeckung der Neuen Welt im 16. Jahrhundert nach Europa.

DIE WICHTIGSTEN NÄHRSTOFFE PRO 15 G KAKAOPULVER

Kalorien (kcal)	34
Fett	2 g
Eiweiß	3 g
Kohlenhydrate	8 g
Ballaststoffe	5 g
Calcium	19 mg
Magnesium	22 mg
Kalium	229 mg
Eisen	2 mg
Zink	1 mg

Hühnchen mit Chili-Schokoladen-Sauce

FÜR 6–8 PERSONEN (S) (K)

1 küchenfertige Poularde (2 kg), in 12 Teile zerlegt und abgespült
1 Knoblauchknolle, in Zehen zerteilt
4 frische Zweige Minze
½ TL schwarze Pfefferkörner
2–3 Gewürznelken
Salz

Zum Servieren

warme Maismehl-Tortillas
Guacamole

Sauce

3–4 EL Olivenöl
1 große Zwiebel, in feine Streifen geschnitten
1 rote Paprika, gewürfelt
500 g frische Tomaten, gehäutet und gehackt, oder Dosenware
1 reife Kochbanane oder unreife Banane, in Stücke geschnitten
100 g Mandeln, abgezogen, geröstet und zerstoßen
1 TL Kreuzkümmelsamen
1 TL Pimentkörner
1 weiche Maismehl-Tortilla, in Stücke geschnitten
50 g getrocknete Chillies, entkernt, 20 Minuten in heißem Wasser eingeweicht und abgetropft
2 EL Rosinen
fein abgeriebene Schale von 1 Orange
2 EL Kakaopulver oder 50 g hochwertige Zartbitterschokolade

Zubereitung

1 Die Poularde in einen großen Topf geben. Mit kaltem Wasser bedecken und zum Kochen bringen. Aufsteigenden Schaum abschöpfen. Knoblauch, Minze, Pfeffer, Nelken und etwas Salz zufügen. Erneut zum Kochen bringen, dann die Hitze reduzieren und die Poularde abgedeckt 30–40 Minuten köcheln lassen, bis sie gar ist. In eine Bratform geben. Die Brühe passieren und beiseitestellen.

2 Für die Sauce 2 Esslöffel Öl in einer Pfanne erhitzen. Die Zwiebel darin bei kleiner Hitze 10–15 Minuten andünsten. Herausnehmen und beiseitestellen. Die Dünstflüssigkeit in der Pfanne wieder erhitzen und die Paprika darin 5–6 Minuten andünsten. Tomaten und Banane zugeben und aufkochen. Die Hitze reduzieren und bei kleiner Hitze 20 Minuten abgedeckt schmoren, bis die Banane weich ist.

3 Eine beschichtete Pfanne bei mittlerer bis starker Hitze auf den Herd stellen. Mandeln und Gewürze darin unter häufigem Rütteln goldbraun rösten. Im Mixer zerkleinern, dann in eine Schale füllen.

4 Nun die Tomatenmischung mit der Zwiebel in den Mixer geben und mit Tortilla und Chillies samt Einweichwasser glatt pürieren. Falls nötig, noch etwas Hühnerbrühe zufügen.

5 Den Backofen auf 180 °C vorheizen. Das restliche Öl in der Pfanne erhitzen. Die Mandelmasse darin 1–2 Minuten unter Rühren anbraten. Die Tomatensauce zugießen und aufkochen. Die Hitze reduzieren und 5 Minuten köcheln lassen. Rosinen, Orangenschale und 1 l Hühnerbrühe zufügen. Erneut aufkochen, dann die Hitze reduzieren und 20 Minuten köcheln lassen, bis die Sauce auf zwei Drittel eingekocht ist. Den Kakao einrühren und sanft erhitzen.

6 Die Sauce über die Hühnchenteile gießen und abgedeckt im Ofen 20–25 Minuten garen. Mit warmen Tortillas und Guacamole servieren.

99 OLIVENÖL

Kalt gepresstes Olivenöl enthält viele herzschützende einfach ungesättigte Fettsäuren sowie antioxidativ wirkende Pflanzenstoffe und Vitamin E.

Die Fette im Olivenöl bestehen vor allem aus einfach ungesättigten Fettsäuren, die dafür sorgen, dass sich Cholesterin nicht an den Gefäßwänden absetzt, und so vor Herz-Kreislauf-Erkrankungen und Schlaganfällen schützen. Bei den ersten Pressungen (wie in kalt gepresstem nativem Olivenöl extra) wird ein Öl gewonnen, das reich an wertvollen Pflanzenstoffen ist. Diese können vor Krebs und Bluthochdruck schützen, den Cholesterinspiegel senken, und der besondere, entzündungshemmende Wirkstoff Oleocanthal hat eine ähnliche Wirkung wie Ibuprofen. Außerdem ist Olivenöl ein guter Vitamin-E-Lieferant.

- Trägt zur Verbesserung der Cholesterinwerte bei und schützt vor Herz-Kreislauf-Erkrankungen.
- Reich an Polyphenolen zum Schutz vor Darm- und anderen Krebsarten.
- Kann helfen, *Heliobacter*-Bakterien abzutöten.
- Antibakterielle und antioxidative Wirkung.

Praktische Tipps:
Olivenöl sollte dunkel gelagert und innerhalb von 1–2 Monaten aufgebraucht werden. Achten Sie darauf, dass Olivenöl im Geschäft nicht grellem Licht oder Hitze ausgesetzt ist. Um die Inhaltsstoffe voll zu nutzen, sollte Olivenöl kalt in Salaten oder über Brot und Gemüse geträufelt werden. Setzen Sie kalt gepresstes Olivenöl nicht hohen Temperaturen aus, da sonst die Inhaltsstoffe verloren gehen.

SCHON GEWUSST?
Licht zerstört viele der gesunden Inhaltsstoffe im Olivenöl. Außerdem ist erwiesen, dass Öle, die in einer hellen Flasche unter Supermarktbeleuchtung stehen, nach einem Jahr mindestens 30 Prozent der Antioxidantien eingebüßt haben.

DIE WICHTIGSTEN NÄHRSTOFFE PRO 15 ML OLIVENÖL

Kalorien (kcal)	130
Fett	15 g
Vitamin E	2,1 g

Zitronen-Pfeffer-Öl

ERGIBT 250 ML (V) (D) (S) (K)

2 unbehandelte Zitronen
2 TL bunte Pfefferkörner
250 ml Olivenöl

Zubereitung

1 Einen Topf mit Topfeinsatz zum Dämpfen mit Wasser füllen und zum Kochen bringen. Die Hitze so regulieren, dass das Wasser leicht köchelt.

2 Die Schale von 1 Zitrone ohne weiße Innenschale ablösen und in sehr feine Streifen schneiden. Die zweite Zitrone in feine Scheiben schneiden. Die Pfefferkörner in einem Mörser zerstoßen. Die Zitronenzesten, Zitronenscheiben, Pfeffer und Öl in den inneren Topfeinsatz geben, diesen in den Topf mit dem Wasser setzen und bei geschlossenem Deckel 1 Stunde erhitzen, bis das Öl auf einem (digitalen) Küchenthermometer eine Temperatur von 120 °C erreicht hat. Das Öl darf nicht verbrennen.

3 Den Topf herausnehmen und das Öl auskühlen lassen. Dann durch ein mit Musselin ausgelegtes Sieb in eine saubere Flasche passieren. Die Flasche schließen und im Kühlschrank lagern. Alternativ können Sie Zitronenzesten und Pfeffer mit in die Flasche geben und das Öl vor jedem Gebrauch filtern. Bestreichen Sie weiße Fischfilets oder Hähnchenbrustfilets vor dem Garen mit diesem Öl.

100 RAPSÖL

Kalt gepresstes Rapsöl ist reich an einfach ungesättigten und Omega-3-Fettsäuren zum Schutz vor Krebs, Herzerkrankungen und anderen gesundheitlichen Beschwerden.

Seit der Züchtung von Sorten ohne bedenkliche und bitter schmeckende Inhaltsstoffe in den 1970er-Jahren hat der Rapsanbau in Europa und der ganzen Welt eine rasante Entwicklung genommen. Das aus den Samen gewonnene Öl ist eine preisgünstige Alternative zu Olivenöl, die ernährungsphysiologisch betrachtet sogar besser ist. Rapsöl enthält größere Mengen essenzielle Alpha-Linolsäure, die zur Omega-3-Gruppe gehört, und weniger gesättigte Fettsäuren als andere Pflanzenöle; der Anteil an Omega-6- und Omega-3-Fettsäuren ist sehr ausgewogen. Außerdem enthält Rapsöl recht viel Vitamin E.

- Ausgewogene Zusammensetzung an essenziellen Fettsäuren.
- Geringer Anteil an gesättigten Fettsäuren.
- Gute Quelle für das antioxidativ wirkende Vitamin E.
- Reich an Omega-3-Fettsäuren, die, regelmäßig zugeführt, zahlreiche gesundheitliche Vorzüge haben.

Praktische Tipps:
Raffiniertes Rapsöl ist eine gute Wahl fürs Kochen, da es hoch erhitzt werden kann. Kalt gepresstes Öl eignet sich vor allem für Salatsaucen und zum Beträufeln. Sein nussiges Aroma schmeckt besonders gut zu Artischocken oder Spargel. Es empfiehlt sich auch als Mayonnaisegrundlage, da es neutraler schmeckt als z. B. Olivenöl.

SCHON GEWUSST?

Raps gehört zu der Gattung der Kohlgewächse. Während der Blüte im Frühjahr verwandeln sich die Rapsfelder in leuchtend gelbe Teppiche.

DIE WICHTIGSTEN NÄHRSTOFFE PRO 15 ML RAPSÖL

Kalorien (kcal)	130
Fett	15 g
Vitamin E	2,6 mg

Gewürztes Rapsöl

ERGIBT 250 ML (V) (D) (S) (K)

5 Knoblauchzehen
1 frische rote Chili
1 TL getrockneter Oregano
260 ml Rapsöl

Zubereitung

1 Den Backofen auf 150 °C vorheizen.

2 Die Knoblauchzehen schälen und längs halbieren. Die Chili entkernen und so viel Fruchtfleisch klein hacken, dass die Menge 2 Teelöffel ergibt.

3 Knoblauch, Chili, Oregano und Öl in eine hitzebeständige Glasform geben. In der Mitte des Ofens 1½–2 Stunden erhitzen, bis das Öl auf einem (digitalen) Küchenthermometer eine Temperatur von 120 °C erreicht hat.

4 Das Öl aus dem Ofen nehmen und auskühlen lassen. Durch ein mit Musselin ausgelegtes Sieb in eine saubere Flasche füllen. Gut verschließen und im Kühlschrank lagern.

GLOSSAR

Alpha-Linolsäure Gehört zu den mehrfach ungesättigten Omega-3-Fettsäuren. Eine der essenziellen Fettsäuren, die wir in kleinen Mengen mit der Nahrung aufnehmen müssen, da sie vom Körper nicht selbst gebildet werden können.

Aminosäuren Die 22 Eiweiß-Grundbausteine, die in eiweißhaltigem Essen in unterschiedlichen Kombinationen und Konzentrationen enthalten sind. Acht der 22 Aminosäuren werden als „essenziell" bezeichnet, da sie vom Körper nicht selbst gebildet und nur über die Nahrung zugeführt werden können.

Anthocyane Violette, rote oder blaue Pflanzenfarbstoffe und wirkungsvolle Antioxidantien.

Antioxidans Bindet im Organismus freie Radikale, Toxine und andere Schadstoffe und schützt so vor deren negativen Einflüssen.

Antioxidansskala *Siehe* ORAC.

Ballaststoffe, lösliche In Haferflocken, Früchten und Gemüse enthaltene Ballaststoffe mit positiver Beeinflussung des Verdauungsapparats und des Cholesterinspiegels.

Ballaststoffe, nicht lösliche Unverdauliche Pflanzenfasern, vor allem aus Zellulose bestehend, mit sättigender Wirkung. Durch das große Wasserbindungsvermögen quellen sie im Darminnern und vergrößern die Stuhlmenge. Dadurch wird die Darmbewegung und somit die Darmgesundheit gefördert.

Betacarotin *Siehe* Carotinoide.

Beta-Cryptoxanthin/Cryptoxanthin Wichtiges Antioxidans, durch welches das Risiko für einige Krebsarten erheblich gesenkt werden kann.

Beta-Glucan Ein in bestimmten pflanzlichen Nahrungsmitteln, wie z. B. Vollkorngetreide, enthaltener löslicher Ballaststoff.

Beta-Sitosterol Ein Phytosterol in einigen Nussarten, Saaten und anderen pflanzlichen Nahrungsmitteln, das zur Senkung des Cholesterinspiegels beitragen kann.

Bioflavonoid/Flavonoid Gruppe von mehreren Tausend antioxidativ wirkenden löslichen Farbstoffen in Früchten, Gemüse und anderen pflanzlichen Lebensmitteln.

Carotinoide Gelbe, rote oder orange Farbstoffe in vielen pflanzlichen Nahrungsmitteln, wie z. B. in Karotten, mit diversen gesundheitlichen Vorzügen. Die wichtigsten Carotinoide sind Alpha- und Betacarotin, weitere sind Lutein, Lycopin und Zeaxanthin.

Catechin Ein sekundärer Pflanzenstoff aus der Gruppe der Flavonoide, z. B. in schwarzem und grünem Tee und einigen anderen Pflanzen, der unter anderem vor Herz-Kreislauf-Erkrankungen schützen kann.

Cholesterin Eine in tierischen Nahrungsmitteln enthaltene fettartige Substanz, die in der Leber umgewandelt wird. Es ist lebenswichtig für den Körper, kann aber unter bestimmten Umständen auch zur Entwicklung von Herz-Kreislauf-Erkrankungen führen. Siehe auch LDL- bzw. HDL-Cholesterin.

Daidzein Substanz mit leicht östrogenartiger Eigenschaft aus der Gruppe der Isoflavone.

DHA Docosahexaensäure – langkettige mehrfach ungesättigte Omega-3-Fettsäure, z. B. in Fettfisch, mit vielfach positiver Wirkung.

Einfach ungesättigte Fettsäuren Eine in den meisten Nahrungsmitteln vorkommende Fettart. In hohen Mengen wirken sie sich positiv auf den Cholesterinspiegel zur Prävention von Herz-Kreislauf-Erkrankungen und anderen Gesundheitsbeschwerden aus.

Ellagsäure Ein antioxidatives Polyphenol mit guter krebsvorbeugender Wirkung. Es ist in vielen roten Früchten und Beeren und einigen Nüssen enthalten.

EPA Eicosapentaensäure – langkettige mehrfach ungesättigte Omega-3-Fettsäure, z. B. in Fettfisch, mit vielfachen gesundheitlichen Vorzügen.

Essenzielle Fettsäuren Fettsäuren, die zur Erhaltung der Körperfunktionen benötigt, aber nicht vom Organismus selbst hergestellt werden können und deshalb mit der Nahrung aufgenommen werden müssen.

Freie Radikale Reaktionsfreudige unstabile Atome oder Moleküle im Organismus, die ein Nebenprodukt des Stoffwechsels sind. Gelten in zu großen Mengen als Faktor für die Entstehung von Krankheiten und den Alterungsprozess.

Glykämischer Index (GI) Ein Maß zur Einordnung kohlenhydrathaltiger Lebensmittel hinsichtlich ihrer Auswirkung auf den Blutzuckerspiegel.

HDL-Cholesterin Lipoproteine mit hoher Dichte, die Cholesterin binden und durch den Organismus transportieren. Sie halten die Arterien frei und schützen vor Herz-Kreislauf-Erkrankungen.

Homocystein Eine Aminosäure, die beim Stoffwechselprozess vom Organismus produziert wird. Hohe Homocysteinwerte im Blut gelten als starker Risikofaktor für Herz-Kreislauf-Erkrankungen.

Immunsystem Körperabläufe, durch die der Organismus vor Krankheiten und andere potenziell gefährlichen Erregern geschützt wird.

Indole Sekundäre Pflanzenstoffe in Kohl und anderem grünen Gemüse mit krebshemmender Wirkung.

Insulin Ein in der Bauchspeicheldrüse (Pankreas) gebildetes Hormon, das den Blutzuckerspiegel reguliert.

Inulin Ein zu den Kohlenhydraten gehörender präbiotischer Ballaststoff mit positiver Wirkung auf das Verdauungssystem und z. B. in einigen Wurzelgemüsearten, Chicorée und Zwiebeln enthalten.

LDL-Cholesterin Lipoproteine mit geringer Dichte, durch die fettartige Substanzen wie Cholesterin im Blut transportiert werden. Ein hoher LDL-Cholesterinspiegel kann eine Ursache für Arterienverstopfung sein und somit zu Herz-Kreislauf-Erkrankungen führen.

Lignane Östrogenartig wirkende sekundäre Pflanzenstoffe, die in einigen Saaten, Getreidearten, Früchten und Gemüsesorten enthalten sind.

L-Tyrosin/Tyrosin Eine Aminosäure, die die Gehirnleistung und den Energiestoffwechsel stimulieren kann. Sie ist vor allem in eiweißreichen Lebensmitteln vorhanden.

Lutein *Siehe* Carotinoide.

Lycopin Ein in orangefarbenen und roten Früchten und Gemüsesorten wie Tomaten vorhandener Farbstoff aus der Gruppe der Carotinoide. Kann der Vorbeugung von Prostatakrebs dienen.

Mehrfach ungesättigte Fettsäuren Gesunde Fettsäuren, die in hohen Mengen – gewöhnlich als Omega-6-Fettsäuren – in den meisten pflanzlichen Ölen enthalten sind.

Omega-3-Fettsäuren Mehrfach ungesättigte Fette, die unbedingt notwendig, also essenziell, für die Aufrechterhaltung der Körperfunktionen sind. Fette aus dieser Gruppe verfügen über diverse gesundheitliche Vorzüge und schützen vor einer Reihe von Krankheiten.

ORAC Oxygen Radical Absorbance Capacity – eine international anerkannte Methode zur Messung der antioxidativen Wirkung pflanzlicher Nahrungsmittel zur Bindung freier Radikaler.

Östrogen Ein in den weiblichen Eierstöcken produziertes Hormon. In den Wechseljahren sinkt der Östrogenspiegel stark, was zu gesundheitlichen Problemen wie Osteoporose führen kann.

Pathogene Biologische Erreger, die Krankheiten verursachen.

Pektin Ein löslicher Ballaststoff in vielen Zitrusfrüchten und Äpfeln. Zu seinen gesundheitlichen Vorzügen zählt die Reduzierung des schlechten LDL-Cholesterinwertes im Blut.

Polyphenole Gruppe sekundärer Pflanzenstoffe, zu denen Flavonoide, Phenole, Quercetin und Tannine zählen.

Präbiotika Ballaststoffe, enthalten in vielen Nahrungsmitteln, die die Vermehrung nützlicher Darmbakterien fördern.

Probiotika Nützliche Darmbakterien, die das Immunsystem unterstützen sowie viele andere positive Auswirkungen auf den Körper haben.

Quercetin Ein in schwarzem Tee, Zwiebeln und Äpfeln vorhandenes Antioxidans.

Saponine Sekundäre Pflanzenstoffe, die das Wachstum von Tumoren unterbinden und in Hülsenfrüchten und einigen anderen Nahrungsmitteln zu finden sind.

Sekundäre Pflanzenstoffe In pflanzlichen Lebensmitteln vorhandene Substanzen mit positiven Effekten für die menschliche Gesundheit. Zu unterscheiden von Vitaminen, Mineralien und Spurenelementen.

Spurenelement Mineralstoff, der in kleinerer Konzentration als 50 mg/kg Körpergewicht im Organismus eingelagert bzw. täglich vom Körper aufgenommen werden muss, um dessen Funktionen zu gewährleisten, z. B. Eisen, Zink oder Selen.

Sterole/Pflanzensterole/Phytosterole Eine Gruppe sekundärer Pflanzenstoffe mit cholesterinsenkender Wirkung.

Stoffwechsel (Metabolismus) Chemische Prozesse, bei denen feste und flüssige Nahrung umgewandelt und abgebaut werden.

Sulfide/Organosulfide Antioxidativ wirkende und immunfördernde Substanzen, z. B. in Zwiebeln oder Knoblauch.

Sulforaphane Ein z. B. in Kohl und Sprossen enthaltenes starkes Antioxidans, welches das Wachstum von Tumorzellen hemmt und Diabetes vorbeugt.

Tannine/Gerbstoffe Zur Gruppe der Polyphenole gehörende sekundäre Pflanzenstoffe, z. B. in schwarzem Tee und Hülsenfrüchten, mit gesundheitlich positiver Wirkung, allerdings können sie auch die Aufnahme von Mineralien behindern.

Tryptophan Eine Aminosäure, die entspannend und stimmungserhellend wirkt.

Zeaxanthin *Siehe* Carotinoide.

REGISTER